POST-SCRIPTUM SUR L'INSIGNIFIANCE
suivi de
DIALOGUE

La collection *l'Aube poche essai*
est dirigée par Jean Viard

© Éditions de l'Aube
1998 pour *Post-scriptum sur l'insignifiance*
1999 pour *Dialogue*
2004 pour l'édition de poche
www.aube.lu

ISBN : 2-7526-0000-3

Cornelius Castoriadis

Post-scriptum sur l'insignifiance

entretiens avec Daniel Mermet

suivi de
Dialogue

éditions de l'aube

Du même auteur

Aux éditions du Seuil

L'Institution imaginaire de la société, 1975 et Points, 1999
Les Carrefours du labyrinthe, I, 1978 et Points, 1998
Les Carrefours du labyrinthe, II. *Domaines de l'homme*, 1986
    et Points, 1999
Les Carrefours du labyrinthe, III. *Le monde morcelé*, 1990
    et Points, 2000
Les Carrefours du labyrinthe, IV. *La montée de l'insignifiance*, 1996
Les Carrefours du labyrinthe, V. *Fait et à faire*, 1997
Les Carrefours du labyrinthe, VI. *Les figures du pensable*, 1999
Sur le politique de Platon, 1999
La création humaine, I. *Sujet et vérité dans le monde
    social-historique*, 2002
La création humaine, II. *Ce qui fait la Grèce : d'Homère à Héraclite*,
    2004

Aux éditions 10/18

*L'Expérience du mouvement ouvrier : 1. Comment lutter,
    2. Prolétariat et organisation*, 1974
*Capitalisme moderne et révolution : 1. L'impérialisme et la guerre,
    2. Le mouvement révolutionnaire sous le capitalisme moderne*,
    1979
Le Contenu du socialisme, 1979
La Société française, 1979
De l'écologie à l'autonomie (avec Daniel Cohn-Bendit), 1981

Aux éditions Fayard

Mai 1968 : la brèche (avec Claude Lefort et Edgar Morin), 1968
Devant la guerre : les réalités, 1981

Aux éditions Christian Bourgois

*La Société bureaucratique : 1. Les rapports de production
    en Russie, 2. La Révolution contre la bureaucratie*, 1990

I
Post-scriptum sur l'insignifiance

entretiens avec Daniel Mermet

À la mémoire de Cornelius Castoriadis, disparu le 26 décembre 1997, nous avons rediffusé l'entretien qu'il nous avait accordé un an plus tôt.

On a parfois envie de retenir les mots, revenir sur les idées, à « oreille reposée ».

En vous proposant alors de vous adresser le script de cet entretien, je ne m'attendais pas à un tel intérêt de toute part, tout horizon, tout milieu, pour une des pensées les plus fécondes et les plus lucides de notre temps.

À travers la brèche on sent que tout n'est pas perdu !

Daniel Mermet
Là-bas si j'y suis, France-Inter

Corneille, dissident essentiel

Il manque la voix de Cornelius Castoriadis, il manque cette jubilation dans sa voix répétant « Nous qui désirons ou nous qui délirons ? », il manque par la fenêtre le pont Bir-Hakeim et le métro aérien, il manque la lumière sur la Seine ce matin de novembre 1996.

Ce qu'il disait tombe à pic en ces temps « trotsko-balladuriens », lui qui renvoyait dos à dos le « communisme antirévolutionnaire » et le néolibéralisme avec sa pensée unique, sa « non-pensée ».

Pas question d'abdiquer pour autant. Il n'a pas sombré dans le renoncement esthète, ni dans le cynisme mitterrandien, ni dans cette apathie repue qui dit : « Tout se vaut, tout est vu, tout est vain. »

Cette montée de l'insignifiance, il la voit dans une élite politique réduite à appliquer l'intégrisme néolibéral, mais aussi – par voie de conséquence – du côté du « citoyen » que le chômage et la précarité généralisée désengagent de la vie de la Cité. Le chômage qui entraîne la désinsertion, la précarité qui entraîne la soumission. D'où la dislocation de la communauté de destin. Silencieusement, nous avons consenti, nous avons « collaboré » à cette formidable régression, une non-pensée produisant cette non-société, cette montée de l'insignifiance, ce racisme social. « Le problème majeur n'est pas le chômage, c'est d'abord et toujours le profit », *répétait Corneille.*

Face aux brouilleurs de pistes et à la fausse complexité, espérant tout de l'imaginaire social, jusqu'au bout, Castoriadis recherche une radicalité. « Je suis un révolutionnaire favorable à des changements radicaux, *disait-il quelques semaines avant sa mort* [1]. Je ne pense pas que l'on puisse faire marcher d'une manière libre, égalitaire et juste le système français capitaliste tel qu'il

---

1. Cornelius Castoriadis est mort le 26 décembre 1997. Né en Grèce, il s'installe en 1945 à Paris où il crée la revue, aujourd'hui mythique, *Socialisme ou Barbarie*. En 1968, avec Edgar Morin et Claude Lefort, il publie *Mai 68 : la brèche*. En 1975, il publie *l'Institution imaginaire de la société*, son ouvrage le plus important. En 1978, il entreprend la série des *Carrefours du labyrinthe*. C'est à la suite de la publication du quatrième volume de cette série, intitulé *la Montée de l'insignifiance*, paru aux éditions du Seuil, qu'il nous a reçu en novembre 1996.

est. » *Révolutionnaire qui, sa vie durant, allait répétant :* « Nous ne philosophons pas pour sauver la Révolution mais pour sauver notre pensée et notre cohérence. »

Mais on ne peut réduire Cornelius Castoriadis à un seul registre. Philosophe, sociologue, il fut aussi économiste et psychanalyste. « Un titan de la pensée, énorme, hors norme », *dit Edgar Morin. Une pensée encyclopédique, une jubilation de vivre et de lutter, lutte charnelle, spirituelle, infinie, mais en mouvement et qui nous laisse du grain à moudre et du pain sur la planche...*

Daniel Mermet
(7 février 1998)

Ni Dieu, ni césar, ni tribun !...

Daniel Mermet. — *Pourquoi ce titre,* la Montée de l'insignifiance ? *Est-ce la caractéristique de l'époque ?*

Cornelius Castoriadis. — Ce qui caractérise le monde contemporain, ce sont bien sûr les crises, les contradictions, les oppositions, les fractures, etc., mais ce qui me frappe surtout, c'est précisément *l'insignifiance*. Prenons la querelle entre la droite et la gauche. Actuellement, elle a perdu son sens. Non pas parce qu'il n'y a pas de quoi nourrir une querelle politique et même une très grande querelle politique, mais parce que les uns et les autres disent la même chose. Depuis 1983, les socialistes ont fait une politique, puis Balladur est venu, il a fait la même politique, puis les socialistes sont revenus, ils ont fait avec Bérégovoy la même politique, Balladur est revenu, il a fait la même politique, Chirac a gagné les élections en disant : « *Je vais faire autre chose* », et il fait la même politique. Cette distinction manque de sens.

D.M. — *Par quels mécanismes cette classe politique est-elle réduite à cette impuissance ? C'est le grand mot aujourd'hui, impuissance.*

C.C. — Ce n'est pas un grand mot, et ils sont impuissants, c'est certain. La seule chose qu'ils peuvent faire c'est suivre le courant, c'est-à-dire appliquer la politique ultralibérale qui est à la mode. Les socialistes n'ont pas fait autre chose, et je ne crois pas qu'ils feraient autre chose revenus au pouvoir. Ce ne sont pas des politiques à mon avis, mais des politiciens – au sens de micropoliticiens. Des gens qui font la chasse aux suffrages par n'importe quel moyen.

D.M. — *Le marketing politique ?*

C.C. — C'est du marketing, oui. Ils n'ont aucun programme. Leur but est de rester au pouvoir ou de revenir au pouvoir, et pour cela ils sont capables de tout. Clinton a fait sa campagne électorale en suivant uniquement les sondages : « *Si je dis ceci, est-ce que ça va passer ?* » En prenant à chaque fois l'option gagnante pour l'opinion publique. Comme disait l'autre : « *Je suis leur chef,* donc *je les suis.* » Ce qu'il y a de fascinant dans l'époque, comme dans toute époque d'ailleurs, c'est comment cela conspire. Il y a un lien intrinsèque entre cette espèce de nullité de la politique, ce devenir nul de la politique, et cette insignifiance dans les autres domaines, dans les arts, dans la philosophie ou dans la littérature. C'est cela l'esprit du temps : sans aucune conspiration d'une puissance quelconque qu'on pourrait désigner, tout conspire, au sens de respire, dans le même sens, pour les mêmes résultats, c'est-à-dire l'insignifiance.

D.M. — *Comment faire de la politique ?*

C.C. — La politique est un métier bizarre. Même cette politique-là. Pourquoi ? Parce qu'elle présuppose deux capacités qui n'ont aucun rapport intrinsèque. La première, c'est d'accéder au pouvoir. Si on n'accède pas au pouvoir, on peut avoir les meilleures idées du monde, cela ne sert à rien ; il y a donc un art de l'accession au pouvoir. La deuxième capacité, c'est, une fois qu'on est au pouvoir, d'en faire quelque chose, c'est-à-dire de gouverner.

Napoléon savait gouverner, Clemenceau savait gouverner, Churchill savait gouverner : autant de personnes qui ne sont pas dans mes cordes politiques, mais je décris là un type historique. Rien ne garantit que quelqu'un qui sait gouverner sache pour autant accéder au pouvoir. Dans la monarchie absolue, accéder au pouvoir, c'était quoi ? C'était flatter le roi, c'était être dans les bonnes grâces de Madame de Pompadour. Aujourd'hui, dans notre pseudo-démocratie, accéder au pouvoir signifie être télégénique, flairer l'opinion publique. Une fois au pouvoir, que fait-on ? Ce que fait actuellement M. Chirac : rien. On suit le courant. Au besoin, on retourne sa veste parce qu'on s'aperçoit que pour accéder au pouvoir on racontait des histoires et que ces histoires ne sont pas applicables.

D.M. — *Vous dites « pseudo-démocratie »…*

C.C. — J'ai toujours pensé que la démocratie dite représentative n'est pas une vraie démocratie. Ses représentants ne représentent que très peu les gens qui les élisent. D'abord, ils se représentent eux-mêmes ou représentent des intérêts particuliers, les lobbies, etc. Et, même si cela n'était pas le cas, dire : quelqu'un va me représenter pendant cinq ans de façon irrévocable, cela revient à dire que je me dévêts de ma souveraineté en tant que peuple. Rousseau le disait déjà : les Anglais croient qu'ils sont libres parce qu'ils élisent des représentants tous les cinq ans mais ils ne sont libres qu'un jour tous les cinq ans : le jour de l'élection.

Et même cela n'est pas vrai : l'élection est pipée, non pas qu'on bourre les urnes, elle est pipée parce que les options sont définies d'avance. Personne n'a demandé au peuple sur quoi il veut voter. On lui dit : « *Votez pour ou contre Maastricht* », par exemple. Mais qui a fait Maastricht ? Ce n'est pas nous. Il y a la merveilleuse phrase d'Aristote répondant à la question : « *Qui est citoyen ? Est citoyen quelqu'un qui est capable de gouverner et d'être gouverné.* » Y a-t-il quarante millions de citoyens en France en ce moment ? Pourquoi ne seraient-ils pas capables de gouverner ? Parce que toute la vie politique vise précisément à leur désapprendre à gouverner. Elle vise à les convaincre qu'il y a des experts auxquels il faut confier les affaires. Il y a donc une contre-éducation politique. Alors que les gens devraient s'habituer à exercer toutes sortes de responsabilités et à prendre des initiatives, ils s'habituent à suivre des options que d'autres leur présentent ou à voter pour elles. Et comme les gens sont loin d'être idiots, le résultat, c'est qu'ils y croient de moins en moins et qu'ils deviennent cyniques, dans une sorte d'apathie politique.

D.M. — *Responsabilité citoyenne, exercice démocratique, est-ce que vous pensez qu'autrefois c'était mieux ? Qu'ailleurs, aujourd'hui, c'est mieux qu'en France ?*

C.C. — Non, ailleurs, aujourd'hui, ce n'est certainement pas mieux, cela peut même être pire. Encore une fois, les élections américaines le montrent. Mais autrefois, c'était mieux de deux points de vue.

Dans les sociétés modernes, disons à partir des révolutions américaine et française jusqu'à la Deuxième Guerre mondiale environ, il y avait encore un conflit social et politique vivant. Les gens s'opposaient. Les gens manifestaient. Ils ne manifestaient pas pour telle ligne de la SNCF – je ne dis pas que c'est méprisable, c'est quand même un objectif –, mais autrefois les ouvriers manifestaient ou faisaient grève pour des causes politiques et pas seulement pour des petits intérêts corporatistes. Il y avait des grandes questions qui concernaient tous les salariés. Ces luttes ont marqué les deux derniers siècles. Or ce qu'on observe maintenant, c'est un recul de l'activité des gens. Et voilà un cercle vicieux. Plus les gens se retirent de l'activité, plus quelques bureaucrates, politiciens, soi-disant responsables, prennent le pas. Ils ont une bonne justification : « *Je prends l'initiative parce que les gens ne font rien.* » Et plus ces gens-là dominent, plus les autres se disent : « *C'est pas la peine de s'en mêler, il y en a assez qui s'en occupent et puis, de toute façon, on n'y peut rien.* » Ça, c'est le premier point de vue.

Le deuxième point de vue, lié au premier, c'est la dissolution des grandes idéologies politiques. Idéologies soit révolutionnaires, soit vraiment réformistes, qui voulaient vraiment changer des choses dans la société. Pour mille et une raisons, ces idéologies ont été déconsidérées, elles ont cessé de correspondre à l'époque, de correspondre aux aspirations des gens, à la situation de la société, à l'expérience historique. Il y a eu cet événement énorme qu'est l'effondrement de l'Union soviétique et du communisme. Est-ce que vous pouvez m'indiquer une seule personne, parmi les politiciens – pour ne pas dire les politicards – de gauche, qui ait vraiment réfléchi à ce qui s'est passé, et aux raisons pour lesquelles cela s'est passé, et qui en a, comme on dit bêtement, tiré des leçons ? Alors qu'une évolution de ce type, d'abord dans sa première phase – l'accession à la monstruosité, le totalitarisme, le goulag, etc. – et ensuite dans l'effondrement, méritait une réflexion très approfondie et une conclusion sur ce qu'un mouvement qui veut changer la société peut faire, doit faire, ne doit pas faire, ne peut pas faire. Réflexion zéro ! Comment voulez-vous alors que ce qu'on appelle le peuple, les masses, arrive à ses propres conclusions alors qu'il n'est pas vraiment éclairé ?

Vous me parliez du rôle des intellectuels : que font ces intellectuels ? Qu'est-ce qu'ils ont fait avec Reagan, Thatcher et avec le socialisme français ? Ils ont ressorti le libéralisme pur et dur du début du XIXe siècle, celui qu'on avait combattu pendant cent cinquante ans et qui aurait conduit la société à la catastrophe parce que, finalement, le vieux Marx n'avait pas entièrement tort. Si le capitalisme avait été laissé à lui-même, il se serait effondré cent fois. Il y aurait eu une crise de surproduction tous les ans. Pourquoi ne s'est-il pas effondré ? Parce que les travailleurs ont lutté. Ils ont imposé des augmentations de salaire, créant ainsi d'énormes marchés de consommation interne. Ils ont imposé des réductions du temps de travail, ce qui a absorbé tout le chômage technologique. On s'étonne maintenant qu'il y ait du chômage. Mais depuis 1940 le temps de travail n'a pas

sensiblement diminué. On pinaille actuellement : « Trente-neuf heures », « trente-huit
et demie », « trente-sept heures trois quarts »,
c'est grotesque !... Donc, il y a eu ce retour du
libéralisme, et je ne vois pas comment
l'Europe pourra sortir de cette crise. Les libéraux nous disent : « *Il faut faire confiance au
marché.* » Mais ce que disent aujourd'hui ces
néolibéraux, les économistes académiques
eux-mêmes l'ont réfuté dans les années 30. Ils
ont montré qu'il ne peut pas y avoir d'équilibre dans les sociétés capitalistes. Ces économistes n'étaient pas des révolutionnaires, ni
des marxistes ! Ils ont montré que tout ce que
racontent les libéraux sur les vertus du marché qui garantirait la meilleure allocation possible, qui garantirait des ressources, la
distribution des revenus la plus équitable possible, ce sont des inepties ! Tout cela a été
démontré, et jamais réfuté. Mais il y a cette
grande offensive économico-politique des
couches gouvernantes et dominantes qui peut
être symbolisée par les noms de Reagan et de
Thatcher, et même de Mitterrand, d'ailleurs !
Il a dit : « *Bon, vous avez assez rigolé.
Maintenant, on va vous licencier, on va* dégrais-
ser *l'industrie* – on va éliminer la « mauvaise
graisse », comme dit M. Juppé –, *et puis vous
verrez que le marché, à la longue, vous garantira*

21

le bien-être. » À la longue. En attendant, il y a 12,5 % de chômage officiel en France !

D.M. — *Pourquoi n'y a-t-il pas d'opposition à ce libéralisme-là ?*

C.C. — Je ne sais pas, c'est extraordinaire. On a parlé d'une sorte de terrorisme de la pensée unique, c'est-à-dire d'une non-pensée. Elle est unique en ce sens que c'est la première pensée qui soit une non-pensée intégrale. Pensée unique libérale à laquelle personne n'ose s'opposer. Actuellement, il y a une sorte de discours victorieux de la droite qui n'est pas un discours, qui est affirmations, discours vides. Et derrière ce discours, il y autre chose, qui est le plus lourd.

Qu'est-ce qu'était l'idéologie libérale à sa grande époque ? Vers 1850, c'était une grande idéologie parce qu'on croyait au progrès. « *Enrichissez-vous !* » Ces libéraux-là pensaient que le progrès entraînerait l'élévation du bien-être économique. Mais, même quand on ne s'enrichissait pas, dans les classes exploitées, on allait vers moins de travail, vers des travaux moins pénibles, pour être moins abruti par l'industrie. C'était le grand thème de l'époque. Benjamin Constant le dit : « *Les ouvriers ne peuvent pas voter parce qu'ils sont abrutis par l'indus-*

trie (il le dit carrément, les gens étaient honnêtes à l'époque !), *donc il faut un suffrage censitaire.* » Mais par la suite, le temps de travail a diminué, il y a eu l'alphabétisation, il y a eu l'éducation, il y a eu des lumières, qui ne sont plus les Lumières subversives du XVIIIe siècle mais tout de même des lumières, qui se diffusent dans la société. La science se développe, l'humanité s'humanise, les sociétés se civilisent et petit à petit, asymptotiquement, on arrivera à une société où il n'y aura pratiquement plus d'exploitation : cette démocratie représentative tendra à devenir une vraie démocratie.

D.M. — *Pas mal ?*

C.C. — Pas mal. Sauf que ça n'a pas marché et que ça ne marche pas comme ça. Le reste s'est réalisé mais les hommes ne se sont pas humanisés, la société ne s'est pas civilisée pour autant, les capitalistes ne se sont pas adoucis, nous le voyons maintenant. Ce n'est pas la faute des hommes, c'est le système. Le résultat en est que, de l'intérieur, les gens ne croient plus à cette idée. L'humeur, la disposition générale est une disposition de résignation. Aujourd'hui, ce qui domine, c'est la résignation, même chez les représentants du libéralisme. Quel est le grand argument, en ce moment ? « *C'est peut-être mauvais mais l'autre terme de l'alternative est pire.* » Tout se résume à cela. Et c'est vrai que ça a glacé pas mal de gens. Ils se disent : « *Si on bouge trop, on va vers un nouveau goulag.* » Voilà ce qu'il y a derrière cet épuisement idéologique de notre époque, et je crois que nous n'en sortirons que par la résurgence d'une critique puissante du système et une renaissance de l'activité des gens, de leur participation à la chose commune. C'est une tautologie de dire cela, mais il faut attendre, il faut espérer et il faut travailler dans cette direction.

D.M. — *Élite politique réduite à servir de larbin à la World Company, intellos chiens de garde, médias qui ont trahi leur rôle de contre-pouvoir, voilà quelques causes et quelques symptômes de cette montée de l'insignifiance.*

C.C. — Mais en ce moment, on sent frémir un regain d'activité civique. Çà et là, on commence quand même à comprendre que la « crise » n'est pas une fatalité de la modernité à laquelle il faudrait se soumettre, « s'adapter » sous peine d'archaïsme. Alors se pose le problème du rôle des citoyens et de la compétence de chacun pour exercer les droits et les devoirs démocratiques dans le but – douce et

belle utopie – de sortir du conformisme généralisé.

D.M. — *Votre confrère et compère Edgar Morin
parle du généraliste et du spécialiste. La politique
exige les deux. Le généraliste qui ne sait à peu près
rien sur un peu tout et le spécialiste qui sait tout sur
une seule chose mais pas le reste. Comment faire un
bon citoyen ?*

C.C. — Ce dilemme est posé depuis Platon.
Platon disait que les philosophes doivent
régner, eux qui sont au-dessus des spécialistes.
Dans la théorie de Platon, ils ont une vue du
tout. L'autre terme de l'alternative était la
démocratie athénienne. Qu'est-ce qu'ils faisaient, les Athéniens ? Voilà quelque chose de
très intéressant. Ce sont les Grecs qui ont
inventé les élections. C'est un fait historiquement attesté. Ils ont peut-être eu tort, mais ils
ont inventé les élections ! Qui élisait-on à
Athènes ? On n'élisait pas les magistrats. Les
magistrats étaient désignés par tirage au sort ou
par rotation. Pour Aristote, souvenez-vous, un
citoyen est celui qui est capable de gouverner
et d'être gouverné. Tout le monde est capable
de gouverner, donc on tire au sort. Pourquoi ?
Parce que la politique n'est pas une affaire de
spécialistes. Il n'y a pas de science de la poli-

tique. Il y a une opinion, la *doxa* des Grecs, il n'y a pas d'*epistemè* *. Je vous fais remarquer d'ailleurs que l'idée qu'il n'y a pas de spécialistes de la politique et que les opinions se valent est la seule justification raisonnable du principe majoritaire. Donc, chez les Grecs, le peuple décide et les magistrats sont tirés au sort ou désignés par rotation. Il y a des activités spécialisées parce que les Athéniens n'étaient pas fous, ils ont quand même fait des choses assez considérables, ils ont fait le Parthénon, etc. Pour ces activités spécialisées, la mise en place des chantiers navals, la construction des temples, la conduite de la guerre, il faut des spécialistes. Donc, ceux-là, ils sont élus. C'est cela, l'élection. Parce que élection, cela veut dire élection des meilleurs. Et sur quoi se base-t-on pour élire les meilleurs ? Eh bien, là, intervient l'éducation du peuple, car il est amené à choisir. On fait une première élection, on se trompe, on constate que par exemple Périclès est un déplorable stratège, eh bien, on ne le réélit pas, ou même on le révoque. Mais le postulat selon lequel cette *doxa*, cette opinion, est également partagée est bien sûr un postulat tout à fait théorique. Pour qu'il ait un peu de chair, il faut que cette *doxa* soit cultivée. Et

---

* Savoir théoriquement fondé, science.

comment peut être cultivée une *doxa* concernant le gouvernement ? Eh bien, en gouvernant. Donc la démocratie – c'est cela l'important – est une affaire d'éducation des citoyens, ce qui n'existe pas du tout aujourd'hui.

Récemment, un magazine a publié une statistique indiquant que 60 % des députés avouent qu'ils ne comprennent rien à l'économie. Des députés, en France, qui vont décider, qui décident tout le temps ! Ils votent le budget, ils augmentent ou diminuent les impôts, etc. En vérité, ces députés, tout comme les ministres, sont asservis à leurs techniciens. Ils ont leurs experts mais ils ont aussi des préjugés ou des préférences. Et si vous suivez de près le fonctionnement d'un gouvernement, d'une grande bureaucratie – comme je l'ai suivi dans d'autres circonstances –, vous voyez que ceux qui dirigent se fient aux experts, mais ils choisissent les experts qui partagent leurs opinions. Vous trouverez toujours un économiste pour vous dire : « Oui, oui, il faut faire cela. » Ou un expert militaire qui vous dira : « Oui, il faut l'armement nucléaire » ou « Il ne faut pas d'armement nucléaire ». Tout et son contraire. C'est un jeu complètement stupide et c'est ainsi que nous sommes gouvernés actuellement. Donc dilemme de Morin et de Platon :

spécialistes ou généralistes. Les spécialistes au service des gens, là est la question. Pas au service de quelques politiciens. Et les gens apprenant à gouverner en gouvernant.

D.M. — « *Vous avez dit "éducation". Et vous dites :* « Ce n'est pas le cas aujourd'hui. » *Plus généralement, quel mode d'éducation voyez-vous ? Quel mode de partage de la connaissance ?*

C.C. — Il y a beaucoup de choses qu'il faudrait changer avant de pouvoir parler de véritable activité éducatrice sur le plan politique. La principale éducation dans la politique est la participation active aux affaires, ce qui implique une transformation des institutions qui incite à cette participation et qui la rende possible, alors que les institutions actuelles repoussent, éloignent, dissuadent les gens de participer aux affaires. Mais cela ne suffit pas. Il faut que les gens soient éduqués, et soient éduqués pour le gouvernement de la société. Il faut qu'ils soient éduqués dans la chose publique. Or, si vous prenez l'éducation actuelle, elle n'a strictement rien à voir avec cela. On apprend des choses spécialisées. Certes, on apprend à lire et à écrire. C'est très bien, il faut que tout le monde sache lire et écrire. D'ailleurs, chez les Athéniens, il n'y avait pas d'analphabètes ; à peu près tous savaient lire et c'est pour cela qu'on inscrivait les lois sur le marbre. Tout le monde pouvait les lire et donc le fameux adage « Nul n'est censé ignorer la loi » avait un sens. Aujourd'hui, on peut vous condamner parce que vous avez commis une infraction alors que vous ne pouvez pas connaître la loi et qu'on vous dit toujours : « Vous n'êtes pas censé ignorer la loi. » Donc l'éducation devrait être beaucoup plus axée vers la chose commune. Il faudrait faire comprendre les mécanismes de l'économie, les mécanismes de la société, de la politique, etc. On n'est pas capable d'enseigner l'histoire. L'histoire telle qu'on l'enseigne aux enfants les emmerde alors qu'elle pourrait les passionner. Il faudrait enseigner une véritable anatomie de la société contemporaine : comment elle est, comment elle fonctionne.

D.M. — *Vous avez beaucoup parlé et écrit autour du mouvement de Mai 68, qu'avec Edgar Morin et Claude Lefort vous avez appelé « la brèche ». Aujourd'hui, cette période est un âge d'or pour les jeunes qui regrettent de ne l'avoir pas vécue. Si on repense à cette époque, on est frappé par l'aveuglement, ces comportements révolutionnaires, romantiques, absolus, doctrinaires, sans aucune base, dans une ignorance complète. Quand on me dit aujourd'hui, « Tu as du bol, tu as vécu 68 », je réponds : « Attendez les gars, le niveau culturel, le niveau de connaissances était beaucoup plus bas qu'aujourd'hui. » Est-ce que j'ai raison ?*

C.C. — Oui, vous avez raison, d'un certain point de vue qui est très important. Mais ce n'est pas tellement une question de niveau de connaissances, je crois. C'est l'énorme domination de l'idéologie au sens strict et, je dirais, au sens mauvais du terme. Les maoïstes, on ne peut pas dire qu'ils ne savaient pas, on les avait endoctrinés ou ils s'endoctrinaient eux-mêmes. Pourquoi acceptaient-ils l'endoctrinement ? Pourquoi s'endoctrinaient-ils eux-mêmes ? Parce qu'ils avaient besoin d'être endoctrinés. Ils avaient besoin de croire. Et cela a été la grande plaie du mouvement révolutionnaire depuis le départ.

D.M. — *Mais l'homme est un animal religieux.*

C.C. — L'homme est un animal religieux, et ce n'est pas du tout un compliment. Aristote, que je n'arrête pas de citer et que je vénère, a dit une seule fois une chose qui est vraiment une grosse... – bon, on ne peut pas dire bourde quand il s'agit d'Aristote, mais tout de même. Quand il dit : « *L'homme est un animal qui désire le savoir* », c'est faux. L'homme n'est pas un animal qui désire le savoir. L'homme est un animal qui désire la croyance, qui désire la certitude d'une croyance, d'où l'emprise des religions, d'où l'emprise des idéologies politiques. Dans le mouvement ouvrier au départ, on trouvait une attitude très critique. Quand vous prenez ces deux vers de *L'Internationale*, qui est quand même le chant de la Commune, prenez le deuxième couplet : « *Il n'est pas de sauveur suprême : ni Dieu* – *exit* la religion –, *ni césar* – *exit* Napoléon III –, *ni tribun* » – *exit* Lénine, n'est-ce pas ? Les gens avaient ce besoin de croyance. Ils le remplissaient comme ils pouvaient, les uns avec le maoïsme, les autres avec le trots-kisme et même avec le stalinisme, puisqu'un des résultats paradoxaux de Mai 68, cela n'a pas été seulement d'apporter de la chair au sque-lette maoïste ou trotskiste mais cela a été d'aug-menter encore à nouveau le recrutement du PC, malgré l'attitude absolument monstrueuse du PC pendant les événements et pendant les accords de Grenelle. Aujourd'hui, en quoi sommes-nous plus sages qu'en Mai 1968 ? Je crois que peut-être le résultat, à la fois des suites de Mai et de l'évolution dans les pays de l'Est et de l'évolution en général de la société, fait que les gens sont devenus beaucoup plus critiques. Cela est très important. Bien sûr, il y a une frange qui cherche toujours la foi plutôt dans la scientologie, les sectes – ou dans le fondamentalisme, mais cela dans d'autres pays, pas tellement chez nous. Mais les gens sont devenus beaucoup plus critiques, beaucoup plus sceptiques. Ce qui les inhibe aussi pour agir, bien sûr. Périclès, dans l'Oraison funèbre prononcée devant les Athéniens, dit : « *Nous sommes les seuls chez qui la réflexion n'inhibe pas l'action.* » C'est admirable ! Il ajoute : « *Les autres, ou bien ils ne réfléchissent pas et ils sont téméraires, ils commettent des absurdités, ou bien, en réfléchissant, ils ne font rien parce qu'ils se disent : il y a ce discours et il y a le discours contraire.* » Or précisément, on traverse actuellement aussi une phase d'inhibition, c'est sûr. Chat échaudé craint l'eau froide. Ils ont goûté tout cela, ils se disent : « Les grands discours et tout le reste, ça suffit ! » Effectivement, il ne faut pas de grands discours, il faut des discours vrais. Voilà ce qui n'existe pas dans une projection sociale, si je puis dire.

D.M. — *Avec qui voulez-vous lutter ? Et contre qui et contre quoi ?*

C.C. — Je veux lutter avec pratiquement tout le monde. Avec toute la population, ou presque, et contre le système, et donc contre les 3 %, les 5 % de gens qui sont vraiment des

défenseurs acharnés et inéduquables du système. C'est cela la division, à mes yeux. Je crois
qu'actuellement tout le monde dans la société
– à part 3 ou 5 % – a un intérêt personnel et fondamental à ce que les choses changent.

D.M. — *Mais qu'est-ce que vous diriez aux
jeunes générations ?*

C.C. — Si vous le posiez comme une question d'organisation, je dirais qu'il n'y a pas de
réponse. Actuellement, c'est aussi cela la question. Un de mes copains de la revue *Socialisme
ou Barbarie*, Daniel Mothé – qui est toujours
mon copain –, avait écrit cette phrase extraordinaire : « *Même l'Empire romain, en disparaissant,
a laissé derrière lui des ruines ; le mouvement
ouvrier, en disparaissant, n'a laissé derrière lui que
des déchets.* » Comment on s'organise maintenant ? La question est : « Comment peut-on
s'organiser ? » Cette question bute sur le même
obstacle, c'est-à-dire que les gens ne sont pas
assez actifs actuellement pour faire quelque
chose comme ça. Pour assumer une organisation de ce type, il faut être prêt à sacrifier plus
d'une heure un samedi soir. Cela implique un
travail assez important, et bien peu de gens
sont disposés à le faire actuellement. C'est
pour cela que je qualifie depuis 1960 l'époque

comme une époque de privatisation. Les gens sont repliés sur leur petit milieu, la famille nucléaire, même pas la grande famille. On disait en Mai 68 « métro-boulot-dodo », maintenant c'est « métro-boulot-télé-dodo ».

D.M. — *Et pas de boulot ? On peut gommer boulot ?*

C.C. — Métro-boulot-télé-dodo et ANPE.

D.M. — *Et trouille de perdre le boulot ! La panique est générale. C'est : « J'en n'ai plus ou je ne vais plus en avoir. »*

C.C. — Oui, absolument.

D.M. — *Ce qui fait la richesse de votre pensée, c'est aussi ce regard psychanalytique sur le monde. Il n'est pas si fréquent d'avoir ainsi plusieurs éclairages. Raoul Vaneigem a publié un livre dont le titre est :* Nous qui désirons sans fin.

C.C. — Nous qui délirons ? Oh ça, oui ! Nous qui délirons ! (*rires*)

D.M. — *Qu'est-ce que vous pensez de cet irréductible désir qui fait que l'histoire continue ?*

C.C. — Mais, de toute façon il y a un désir irréductible. Vraiment… C'est un gros chapitre. D'ailleurs, cela n'a pas toujours été vrai, c'est un phénomène relativement moderne. Si vous prenez les sociétés archaïques ou les sociétés traditionnelles, il n'y a pas de désir irréductible. On ne parle pas là du désir du point de vue psychanalytique. On parle du désir tel qu'il est transformé par la socialisation des gens. Ces sociétés sont des sociétés de répétition. Or, précisément, dans l'époque moderne, il y a une libération dans tous les sens du terme, par rapport aux contraintes de la socialisation des individus. On dit par exemple : « Tu prendras une femme dans tel clan ou dans telle famille. Tu auras une femme dans ta vie. Si tu en as deux, ou deux hommes, ce sera en cachette, ce sera une transgression. Tu auras un statut social, ce sera ça et pas autre chose. » Il y a une chose merveilleuse chez Proust dans le monde de Combray. Dans la famille de Proust, quelqu'un – de la très bonne bourgeoisie, la famille qu'il décrit – qui avait épousé une duchesse ou une princesse, avait déchu. Même s'il avait de l'argent, même s'il devenait quelqu'un qui sortait de sa caste pour monter plus haut, il devenait un gigolo. Et monter plus haut, c'était déchoir. Mais aujourd'hui, nous sommes entrés dans une époque d'illimitation dans tous les domaines et nous avons le désir d'infini. Or cette libération est, en un sens, une grande conquête. Il n'est pas question de revenir aux sociétés de répétition. Mais il faut aussi apprendre – et c'est un de mes très grands thèmes –, apprendre à s'autolimiter, individuellement et collectivement. Et la société capitaliste aujourd'hui est une société qui à mes yeux court à l'abîme à tout point de vue parce que c'est une société qui ne sait pas s'autolimiter. Et une société vraiment libre, une société autonome, comme je l'appelle, doit savoir s'autolimiter.

D.M. — *Limiter c'est interdire. Comment interdire ?*

C.C. — Non, pas interdire au sens répressif. Mais savoir qu'il y a des choses qu'on ne peut pas faire ou qu'il ne faut même pas essayer de faire ou qu'il ne faut pas désirer. Par exemple, l'environnement. Nous vivons dans une société libre sur cette planète merveilleuse que nous sommes en train de détruire, et quand je prononce cette phrase, je songe aux merveilles de cette planète, je pense par exemple à la mer Égée, aux montagnes enneigées, je pense à la vue du Pacifique depuis un coin d'Australie, je pense à Bali, aux Indes, à la campagne fran-

çaise qu'on est en train de démolir et de déser-
tifier. Autant de merveilles en voie de démoli-
tion. Je pense que nous devrions être les
jardiniers de cette planète. Il faudrait la cultiver. La cultiver comme elle est et pour elle-
même. Et trouver notre vie, notre place
relativement à cela. Voilà une énorme tâche. Et
tout cela pourrait absorber une grande partie
des loisirs des gens, libérés d'un travail stupide, productif, répétitif, etc. Or cela, évidemment, c'est très loin non seulement du système
actuel mais de l'imagination dominante
actuelle. L'imaginaire de notre époque, c'est
l'imaginaire de l'expansion illimitée, c'est
l'accumulation de la camelote : une télé dans
chaque chambre, un micro-ordinateur dans
chaque chambre… c'est cela qu'il faut détruire.
Le système s'appuie sur cet imaginaire qui est
là et qui fonctionne.

D.M. — *Ce dont vous parlez là, sans cesse, c'est
de la liberté ?*

C.C. — Oui.

D.M. — *Difficile liberté ?*

C.C. — Ah oui ! La liberté, c'est très difficile.

D.M. — *Difficile démocratie ?*

C.C. — Démocratie difficile parce que liberté, et liberté difficile parce que démocratie, oui, absolument. Parce qu'il est très facile de se laisser aller, l'homme est un animal paresseux, on l'a dit. Là encore, je reviens à mes ancêtres, il y a une phrase merveilleuse de Thucydide : « *Il faut choisir : se reposer ou être libre.* » Je crois que c'est Périclès qui dit cela aux Athéniens : « Si vous voulez être libres, il faut travailler. » Vous ne pouvez pas vous reposer. Vous ne pouvez pas vous asseoir devant la télé. Vous n'êtes pas libre quand vous êtes devant la télé. Vous croyez être libre en zappant comme un imbécile, vous n'êtes pas libre, c'est une fausse liberté. La liberté n'est pas seulement l'âne de Buridan qui choisit entre deux tas de foin. La liberté, c'est l'activité. Et c'est une activité qui en même temps s'autolimite, c'est-à-dire sait qu'elle peut tout faire mais qu'*elle ne doit pas tout faire*. C'est cela le grand problème, pour moi, de la démocratie et de l'individualisme.

D.M. — *La liberté, c'est les limites ? Philosopher, c'est établir les limites ?*

C.C. — Non, la liberté, c'est l'activité, et l'activité qui sait poser ses propres limites.

Philosopher, c'est la pensée. C'est la pensée qui sait reconnaître qu'il y a des choses que nous ne savons pas et que nous ne connaîtrons jamais…

Novembre 1996.

II
Dialogue

Avant-propos

Les quatre « Dialogues » qui font l'objet de ce petit livre, avec Alain Connes (mathématicien), Jean-Luc Donnet (psychanalyste), Octavio Paz (poète), Francisco Varela (biologiste), sont un témoignage modeste, non pas tant de la curiosité passionnée de Cornelius Castoriadis pour tous les domaines du savoir, mais surtout de sa détermination philosophique à penser tout le pensable. Témoignage original cependant, puisque ces entretiens ont d'abord été des émissions de radio, avec les contraintes et les limites que cela implique, mais aussi l'enthousiasme, la vigueur polémique, la complicité et l'amitié. La pensée y musarde parfois sur des chemins aventureux et escarpés, se mettant en quelque sorte à l'épreuve de l'interlocuteur. Quelques notes ont été ajoutées, qui aideront peut-être le lecteur à enrichir son propre parcours. Mais la transcription des enregistrements s'est limitée à un simple travail de mise en forme, sans jamais chercher à gommer les aspérités, les approximations, encore moins les provocations.

C'est Alain Finkielkraut qui, dans son émission « Répliques » (France Culture) du 6 juillet 1996, avait invité Octavio Paz et Cornelius Castoriadis, par ailleurs amis de longue date, à dialoguer autour du thème « Face à la modernité ». Quant aux trois autres entretiens, ils sont tirés du « Bon Plaisir de... Cornelius Castoriadis », diffusé *le 20 avril sur* France Culture. *Quelques mois plus tôt, Katharina von Bulow lui avait proposé de choisir les personnes avec lesquelles il aimerait partager trois heures d'émission. Outre les trois interlocuteurs présents ici, Castoriadis avait souhaité rencontrer Daniel Cohn-Bendit, Jacques Lacarrière, Michaël Lévinas et Théodore Monod. Tous les entretiens, préparés par Katharina von Bulow, ont été enregistrés en novembre-décembre 1995. Seuls trois ont été ici retenus, pour des raisons de place, de cohérence interne, aussi. Mais l'émission entière a déjà été rediffusée, et il suffit d'écrire à* France Culture *pour se procurer les cassettes.*

Nous remercions chaleureusement Katharina von Bulow et Alain Finkielkraut, pour leur initiative d'abord, ainsi que pour la générosité avec laquelle ils nous ont permis d'utiliser leur travail, ainsi que Pascal Vernay, sans lequel cette édition n'aurait pu voir le jour.

Octavio Paz (1914-1998), le poète contemporain le plus important du Mexique, est l'un des plus grands écrivains hispano-américains ; prix Nobel de littérature (1999). Parmi ses nombreuses œuvres publiées aux éditions Gallimard, le Labyrinthe de la solitude *(1990),* l'Arbre parle *(1990),* Itinéraires *(1996).*

Francisco Varela, biologiste, a écrit une dizaine d'ouvrages parmi lesquels l'Inscription corporelle de l'esprit *(Le Seuil, 1993),* Invitation aux sciences cognitives *(Le Seuil, 1996).*

Alain Connes, mathématicien, professeur au Collège de France, a publié Matière à pensée *(Odile Jacob, 1989 – Le Seuil, 1992),* Géométrie non commutative *(Interédition, 1990).*

Jean-Luc Donnet, psychanalyste, a publié l'Enfant de ça *(Minuit, 1973),* le Sur-Moi *(Puf, 1995).*

Répliques
« Face à la modernité »
avec Octavio Paz et Cornelius Castoriadis

Alain Finkielkraut. — Octavio Paz est poète et
vient d'un continent où l'Europe a imprimé sa
marque, mais qui n'est pas seulement européen :
l'Amérique latine. Cornelius Castoriadis est philosophe et il est né en Grèce, berceau de l'Europe et de
la philosophie. Au travers de la guerre d'Espagne,
pour Octavio Paz, et de la résistance grecque, pour
Cornelius Castoriadis, ils ont l'un et l'autre partagé les
grandes expériences et les grandes espérances du 20ᵉ
siècle. L'un et l'autre, également, se sont très vite
posé des questions. Leur séjour dans ce qu'Octavio
Paz appelle les doctes ténèbres du socialisme autori-
taire n'a pas été long, et ils ont aujourd'hui cet ultime
point commun de ne pas accompagner leurs dénoncia-
tions passionnées de la politique totalitaire d'un éloge
sans nuance des démocraties modernes. Le dernier
livre de Cornelius Castoriadis s'intitule ainsi *la Montée
de l'insignifiance*, un beau titre qui ne prend pas de
gants. Et celui que publie aujourd'hui Octavio Paz,
Itinéraires, s'achève sur une description inquiétante du
nihilisme de nos démocraties. Insignifiance, nihilisme,
nous partirons, si vous le voulez bien, de cette inquiétude partagée et plus précisément d'une réflexion de

Baudelaire que vous citez dans un autre texte, Octavio Paz : « Le monde va finir. Je ne dis pas que le monde sera réduit au désordre bouffon des républiques de Sud-Amérique ou que nous retournerons à l'état sauvage. Non, la mécanique nous aura tellement américanisés, le progrès aura si bien atrophié en nous toute la partie spirituelle que rien, parmi les rêveries sanguinaires des utopistes, ne pourra être comparé à ses résultats positifs. Mais ce n'est pas par des institutions politiques que se manifestera la ruine universelle ou le progrès universel (car peu importe le nom), ce sera par l'avilissement des cœurs [1]. » Maintenant que nous voilà enfin débarrassés de la lutte contre la superstition totalitaire et que nous pouvons réfléchir plus librement sur le monde où nous vivons, est-ce au poète Baudelaire plutôt qu'à tous les philosophes du grand avènement qu'il nous faut donner raison ?

Octavio Paz. — Je pense que Baudelaire ne s'est pas trompé ; je ne dirais pas qu'il a été prophète (je déteste ce substantif pour les poètes), mais il a vu avec clarté notre situation. La démocratie est fondée sur la pluralité des opinons. En même temps, cette pluralité dépend de la pluralité des valeurs. La publicité et le marché détruisent ces pluralités en réduisant toutes les valeurs au prix. À mon avis, c'est là le nihilisme complaisant de la société moderne. En ce sens, Baudelaire a eu raison : nous vivons dans un nihilisme complaisant, pas dans le nihilisme tragique qu'a pensé Dostoïevski, ou bien Nietzsche.

---

1. *Itinéraires,* Gallimard, 1996.

A.F. — Nihilisme complaisant et non nihilisme tragique. Cornelius Castoriadis, c'est un peu la même question que je voudrais vous poser, mais à partir de cette expression que vous utilisez comme titre d'un article et de votre livre tout entier : la montée de l'insignifiance. Qu'est-ce que cela signifie ?

Cornelius Castoriadis. — Ça veut dire d'abord que l'insignifiance n'est pas simplement un état qui s'est installé, mais comme une espèce de désert qui progresse dans le monde contemporain. Pour reprendre une expression du livre, précisément, le désert croît ; tout comme l'insignifiance parce que, comme le dit Octavio Paz, c'est une sorte de nihilisme, mais dérisoire. J'ai d'ailleurs été très heureux de voir dans son livre l'utilisation fréquente d'une expression que j'avais moi-même employée comme titre d'un texte dans *le Monde morcelé* [2], celle de conformisme. Il est ahurissant de penser qu'il y a eu des idéologues et des écrivains pour parler de l'époque contemporaine comme d'une époque d'individualisme alors que précisément, ce qu'il faut surtout déplorer actuellement, c'est la disparition des individus véritables devant cette espèce de conformisme généralisé.

A.F. — À propos de ce conformisme généralisé, vous citiez Nietzsche : « Le désert croît. » « Malheur, ajoutait-il, à qui protège le désert. » Pour poursuivre la citation, est-ce qu'il y a des gens, est-ce qu'il y a des

---

2. *Carrefour du labyrinthe*, III, Le Seuil, 1990.

hommes, des forces... – qu'est-ce qui protège le désert, selon vous ?

O.P. — Il est difficile de vous répondre. Qu'est-ce qui protège le désert ? Presque toutes les institutions, je pense ; et surtout le mécanisme des sociétés modernes. J'ai parlé de marché : le marché réduit les valeurs au prix unique, au prix ; en ce sens, il substitue à la pluralité des valeurs une seule valeur, et cette valeur n'est pas fondée sur une notion métahistorique ou éthique, mais sur l'utilité. C'est un moment de la dégradation de l'Occident qui est contemporain du développement de la science et de la technique. L'un des paradoxes à mon avis les plus inquiétants du monde moderne, c'est cette coïncidence entre les acquis de la science, le développement de la technique (qu'on peut critiquer ou non, mais c'est un fait, dont nous allons débattre) et le profond nihilisme, la profonde dégradation de toutes les valeurs soumises à ces lois de l'échange économique, de l'échange commercial, de la consommation. La société moderne a changé les citoyens en consommateurs.

A.F. — Ce changement, vous le décrivez à partir donc du marché et de la technique, de leur développement concomitant, de leur coïncidence malheureuse ; mais cela apparaît un peu comme une puissance sans visage : alors, quand je demande qui protège le désert, il est difficile d'assigner comme ça des responsabilités ou des coupables...

C.C. — Oui, je pense qu'il faut modifier l'expression de Nietzsche ; pour moi, j'ai cité Nietzsche parce que c'est une belle phrase, je ne suis pas nietzschéen du tout. Mais ce n'est pas : *qui protège le désert*, c'est : *qui propage le désert* – n'est-ce pas, c'est ça la question. Et je crois que précisément nous avons une situation qui fournit un démenti à toutes les théories qu'on connaissait de l'histoire, de l'histoire surtout de cette dernière période. Il n'y a pas de conspiration du grand capital, il n'y pas des méchants particuliers – même s'il y a des méchants en abondance, on le voit tous les jours, encore récemment en France d'ailleurs...

O.P. — Partout !

C.C. — Partout, bon, mais ce qu'il y a, c'est une sorte de Niagara historique ; il n'y pas de conspiration mais tout conspire au sens que tout respire ensemble, tout respire dans la même direction : la corruption qui est devenue systémique, l'autonomisation de l'évolution de la technoscience que personne ne contrôle, bien sûr, le marché, la tendance de l'économie, le fait qu'on ne se soucie plus de savoir si ce qu'on produit sert à quoi que ce soit mais uniquement de savoir si c'est vendable et même pas de cela, parce que si on le produit on fera que ça soit vendable au moyen de la publicité – tous ces phénomènes qu'on connaît. C'est-à-dire : on a à la fois une espèce de puissance inhumaine, sans visage, un éclatement des porteurs institutionnels et même un asservissement de ces porteurs institutionnels à cette tendance historique.

O.P. — Je voudrais ajouter quelque chose. Oui, il n'y a pas de responsable, ce n'est pas une classe comme le voulait le marxisme ; ce n'est pas un groupe, ce n'est pas un tyran, ce sont des forces impersonnelles. Nous nous trouvons donc devant des forces impersonnelles, des mécanismes presque autonomes, et en même temps, face à cela, c'est la passivité générale. Alors à mon avis, le problème inquiétant n'est pas celui de la technique (finalement je ne suis pas tellement contre la technique, pourquoi ?) : non, je pense que la chose inquiétante, le phénomène qui doit nous préoccuper, c'est le phénomène de la passivité générale. Et là, je vois – Cornelius Castoriadis est peut-être d'accord avec moi – qu'un des facteurs, peut-être le facteur décisif, a été le grand échec révolutionnaire du 20e siècle. À la fin du siècle, après l'échec du communisme, nous nous sommes trouvés dans une sorte de pause historique, de vide. Il n'y a pas de projet historique ; et en même temps il y a l'acceptation de cette situation qui, d'un côté détruit les valeurs, et de l'autre, transforme la société en société de consommation.

A.F. — Justement, Cornelius Castoriadis, vous êtes d'accord avec ce bilan...

C.C. — Oui, bien sûr.

A.F. — C'est l'échec historique qui explique la passivité ?

C.C. — Non, je crois qu'il y a plus que cela, en un sens. Je crois que ce que mentionne Octavio Paz est un facteur fondamental. Il y a cette déception, cette désillusion fantastique devant la transformation des espoirs d'une grande partie de l'humanité, les intellectuels, les ouvriers et les petites gens... – transformation en machine totalitaire d'extermination et d'oppression ; ou alors, en Occident, avec la social-démocratie, transformation en simple agence d'accommodation avec l'ordre existant, de petites réformes, etc. Bon, ça c'est une chose. La deuxième chose, c'est qu'il y a eu quand même une extraordinaire adaptation du régime, disons du capitalisme, à une situation nouvelle qui s'est traduite par exemple, précisément, par la société de consommation : c'est-à-dire qu'à partir d'un certain moment on a compris ce qu'il fallait faire. Octavio Paz cite Fourier, disant qu'il faudrait fabriquer, pour la consommation des gens, des produits indestructibles (je ne parle pas des légumes ou des tissus, ça vaut pour les autres produits) ; or, précisément, la caractéristique de la production moderne, c'est ce que les économistes ont appelé l'obsolescence incorporée : c'est-à-dire que les produits sont fabriqués pour s'user très rapidement, tous les consommateurs le savent. Et quelle est la logique de cette histoire ? Un de mes amis, ouvrier dans la distribution automobile, disait, en 1954, qu'une Rolls-Royce revient moins cher qu'une 4 CV Renault. Tout le monde a ri, mais il avait raison : une Rolls-Royce dure presque indéfiniment et elle offre beaucoup plus de services parce qu'on n'a pas besoin de la réparer, alors que la 4 CV Renault était à jeter au bout de trois ou cinq ans. Mais cela va de pair avec le fait qu'effectivement, dans les conditions sociales et économiques actuelles, on peut vendre des 4 CV Renault avec la politique du crédit, des versements mensuels : c'est un petit prix, donc ça part, alors que les Rolls Royce ne partiraient pas.

O.P. — Je me demande si la passivité ne s'explique pas aussi par l'amélioration des conditions de vie matérielles de la société. En ce sens le capitalisme a gagné la partie parce qu'il a été capable d'offrir aux masses de meilleurs produits, moins chers.

A.F. — À cet égard, je voudrais simplement illustrer ce que vous dites par une blague qui courait en Pologne pendant la période totalitaire. Un client entre dans une boutique, il demande un bifteck, on lui dit : « Ah ! non, monsieur, ici il n'y a pas de poisson, il n'y a pas de viande, c'est en face. » Plaisanterie, donc, autour de la pénurie qui fait qu'effectivement le système capitaliste a pu se présenter, et être relativement – face à un système où rien ne fonctionnait – un système où les choses fonctionnent et, face à un monde de la pénurie, un monde de l'abondance. Alors est-ce que cela doit être, ou non et dans quelle mesure, porté à son crédit ?

C.C. — Ce n'est pas le problème, de le porter à son crédit ou pas. Il faut dire d'abord que cela a joué d'autant plus que l'idéologie marxiste avait propagé l'idée que le capitalisme ne peut que condamner les gens à la misère. Or cela a été démenti jour après jour par les faits. Le capitalisme n'a pas évolué spontanément, il y a eu les luttes ouvrières, il y a eu les syndicats, il y a eu des pressions, des grèves, etc. ; mais à partir d'un certain moment, il s'est accommodé à cela. Je voudrais ajouter une chose ; là, il faudrait quand même être attentifs, sans faire de prophéties et renouveler des prévisions apocalyptiques : peut-être que cette période du capitalisme commence déjà à être derrière nous. Ce qu'on voit actuellement dans les pays industrialisés, en particulier en Europe, moins aux États-Unis, c'est une crise d'un type nouveau, avec cette création de l'exclusion, avec un chômage extraordinaire, avec la mondialisation qui oblige les vieux pays industriels à entrer dans des phases où il n'y a plus d'emplois pour les gens : et tout cela, c'est quand même encore l'avenir – enfin, ce n'est pas l'avenir, c'est le présent, mais je ne veux pas faire des prévisions...

O.P. — Mais peut-être qu'il ne faut pas s'arrêter à ces questions d'ordre théorique – technique plutôt. Il est clair que l'économie des pays totalitaires a été une économie de pénurie et que l'économie du capitalisme est une économie de l'abondance.

C.C. — De relative abondance, oui.

O.P. — De l'abondance pour la majorité – pour la majorité dans les pays développés. Si vous parlez de mon pays, c'est le contraire, la majorité est pauvre et même quelquefois misérable ; mais nous parlons en ce moment du sort des pays les plus développés, les plus avancés. Alors, la question se pose de savoir comment l'abondance (Marx pensait à l'abondance) a produit des fruits négatifs au point de vue spirituel pour la population des pays de l'Occident et des fruits néfastes, de caractère matériel, pour les pays sous-développés. Et ça, c'est pour moi l'un des grands mystères historiques contemporains : comment l'abondance, en produisant la conformité, a châtré les individus, transformé les personnes en masses, et en masses satisfaites, sans volonté et sans direction.

C.C. — Elle les a transformés en individus totalement privés ou privatisés, comme je le dis depuis longtemps (c'est un des thèmes de ma réflexion depuis 1960). Mais je ne crois pas qu'il faille incriminer l'abondance comme telle. Je crois qu'il faut incriminer la mentalité qui fait de l'économie le centre de tout. Chez Marx, elle était le centre de tout parce que l'économie capitaliste n'allait pas pouvoir donner ce que les gens attendaient : seul le communisme pourrait le donner, le communisme tel qu'il le pensait. Pour les gens de la société actuelle, c'est la même idée, ce qui importe, c'est l'économie, la consommation. Or en fait, la crise de la société actuelle, c'est celle des significations qui tiennent cette société ensemble, c'est ce qu'on appelle les valeurs – ce qu'on pourrait appeler aussi les normes ; et cela est d'une certaine façon parallèle, ce n'est pas dû à la diffusion de l'abondance matérielle. Il y a une crise qui vient de quoi ? D'un côté, de ce que vous avez mentionné, la chute des idéologies révolutionnaires ; d'un autre côté, la crise très profonde de l'idéologie du progrès. Au 19ᵉ siècle, pour les gens, les grands libéraux ou les progressistes, le progrès, ce n'était pas seulement une question d'accumulation des richesses :

John Stuart Mill pensait que le progrès allait donner aux gens la liberté, la démocratie, le bonheur, une meilleur moralité. Or aujourd'hui personne, pas même les thuriféraires du système actuel, n'ose dire qu'il n'y a qu'à laisser le progrès faire son travail et qu'on sera tous heureux ou tous meilleurs ; ce n'est pas vrai, tout le monde sait qu'on aura peut-être une télévision meilleure et puis c'est tout.

O.P. — Oui, c'est-à-dire que nous sommes devant un projet historique qui a fait ses preuves ; c'est le progrès. Mais Castoriadis a dit des choses qui sont légèrement différentes. La première, qui m'a touché profondément, c'est que nous avons réduit (la société moderne a réduit) le sens de toutes les valeurs à la valeur économique. Alors, pour renouveler la société, il faudra faire une critique : les remèdes ne sont pas uniquement de caractère économique, ils sont d'un caractère plus profond, moral ou spirituel, comme vous voudrez l'appeler.

A.F. — Maintenant, je voudrais poser une question symétrique de celle que je posais tout à l'heure. Je vous ai demandé : ce phénomène de l'insignifiance ou du nihilisme, comment le localiser, y a-t-il des coupables ou des responsables, qui y a-t-il derrière ? et vous avez dit, Cornelius Castoriadis : il n'y a pas de « qui », tout conspire ; Octavio Paz, vous alliez dans le même sens. Alors, je peux poser l'autre question : vous préconisez, vous souhaitez, vous rêvez une sortie du nihilisme, un réveil – c'est un mot que vous employez à plusieurs reprises, Cornelius

Castoriadis ; vous dites : nous vivons un moment de léthargie, ça peut s'arrêter, ça doit s'arrêter. Mais y a-t-il un « qui » qui puisse être porteur de ce réveil maintenant qu'on n'a plus ce mythe du prolétariat, d'une classe ou d'un peuple rédempteur ? Sur quoi et sur qui peut-on compter pour échapper à l'insignifiance ?

C.C. — Ça, c'est précisément une des grandes difficultés de la pensée politique actuelle, mais surtout d'une activité politique, parce que, comme vous l'avez dit, on est sorti de l'époque des classes privilégiées ; historiquement, le prolétariat est devenu une minorité (il y a très peu de prolétaires véritables actuellement), et il n'y a pas de classe sociale privilégiée du point de vue d'un projet politique. Je pense que ce qui marque à la fois la profondeur de la crise actuelle et peut-être la profondeur des espoirs qu'on peut avoir, ça peut paraître drôle mais c'est comme ça, c'est cette disparition d'un porteur privilégié. C'est-à-dire que le phénomène affecte toute la société, toutes les couches sociales, sauf peut-être un petit pourcentage de gens qui sont au sommet. Je pense par exemple à Mai 1968 (qui est passé, c'est sûr) où on a vu que ceux qui étaient extraordinairement actifs dans le mouvement productif d'idées et de significations n'étaient pas tellement des ouvriers, c'étaient des techniciens, c'étaient les professions libérales, c'étaient des intellectuels si l'on veut, les étudiants...

O.P. — Les étudiants d'abord.

C.C. — ... Les étudiants bien sûr, et les jeunes d'abord ; et c'est très important même si cela crée de grandes difficultés pour l'action.

O.P. — Oui, 68 a été une flambée qui nous a illuminés pendant une période très courte mais qui nous a montré une certaine direction. Une chose m'a frappé dans la révolte universelle : ça venait de beaucoup de pays, la France, les États-Unis, l'Allemagne, mon pays...

C.C. — Le Mexique...

O.P. — Oui. Eh bien, les revendications n'étaient pas de caractère économique, ni même social, mais plutôt de caractère moral ; et les prédécesseurs, les prophètes (vagues prophètes) de ce mouvement, étaient plutôt des poètes. Quelquefois, en écoutant nos étudiants ou en lisant les inscriptions sur les murs, j'ai pensé à William Blake, à André Breton, à beaucoup de poètes du 19e siècle – les romantiques – et du 20e siècle, qui se sont révoltés comme l'a fait Baudelaire : ils ne dénonçaient pas au nom d'une classe ni au nom d'une économie. Ce qui était en jeu, c'était quelque chose de tout à fait différent, je dirais la position, le lieu de la personne humaine dans la société : je pense que la société moderne a éliminé les valeurs, le centre même de créativité qu'est la personne humaine. Castoriadis a parlé d'individu, je voudrais substituer au mot individu le mot personne.

A.F. — Justement, je voudrais rester une seconde sur Mai 68, et sur l'inquiétude quant au mouvement qui pourrait être porteur de ce réveil ou de cette sortie du nihilisme : parce que ce mouvement lui-même devrait rester pour nous ambigu, ou ambivalent. Certes, il s'est produit une tentative de sortir de l'économisme, une critique dure et belle des valeurs de consommation. Il n'empêche qu'un des symptômes les plus graves de la crise spirituelle que vous décrivez tous les deux, c'est la crise de l'éducation, la crise de la transmission – dont vous parlez d'ailleurs, Cornelius Castoriadis, dans votre livre. Et là, le mouvement de 68 a quand même aussi une certaine responsabilité dans cette façon qu'il a eue de présenter la maîtrise enseignante comme une forme de la maîtrise oppressive – le maître qui enseigne et le maître qui opprime ont été un peu identifiés l'un à l'autre ; et c'est vrai qu'aujourd'hui, la disparition de la culture ou des humanités dans l'enseignement au nom de la rentabilité se fait d'autant plus facilement que cette culture a été auparavant délégitimée au nom de la révolution. Même ce mouvement, donc, ne peut pas être salué ou commémoré de manière uniquement emphatique.

C.C. — Non, mais vous me permettrez de ne pas être tout à fait d'accord avec cette analyse. Je crois précisément que la crise contemporaine de la production (qui est d'ailleurs universelle, qui n'est pas limitée aux pays qui ont traversé une phase comme celle de Mai 68) a des racines beaucoup plus profondes, elle a des racines dans la crise des valeurs. Prenons ces ridicules changements de programmes scolaires : en

France, chaque ministre de l'Éducation nationale introduit un nouveau système en introduisant de nouveaux programmes. Pourquoi ? Parce que précisément on ne sait pas quoi transmettre, on ne veut plus transmettre (ce qui est grotesque !) la culture traditionnelle, la culture héritée qui est quand même une base absolue ; on veut techniciser, instrumentaliser l'éducation pour que ceux qui sortent de l'enseignement puissent trouver un emploi, et bien sûr cela échoue ridiculement parce qu'entre le moment où le ministre et ses experts ont mis au point des programmes censés être adaptés aux demandes de l'industrie et le moment où les gens sortent sur le marché, les demandes de l'industrie ont déjà changé... Mais il y a quelque chose de plus : c'est que dans la crise des significations de nos sociétés actuelles, personne n'investit plus positivement l'éducation. Les parents n'investissent plus l'école, les étudiants et les écoliers n'investissent plus l'école, peut-être aussi peut-on dire que même les enseignants ne peuvent plus investir l'école ; et c'est ça qui est très grave.

O.P. — Vous parlez de l'éducation et surtout de l'éducation en France, ce sont des sujets tout à fait étrangers pour moi. Mais puisqu'on parle...

C.C. — Excusez-moi, moi je crois que c'est général. Par exemple, aux États-Unis, c'est absolument...

O.P. — Oui, partout. Vous parlez de la France en particulier mais je parlais d'abord en général ; c'est un sujet important, mais pas difficile. Tous les phénomènes historiques ont une sorte de double visage. Vous avez parlé de la révolte de la jeunesse en Mai 68 contre les professeurs, contre les maîtres et finalement contre les valeurs classiques. C'est vrai au moins en partie. Mais je pense qu'il y a un autre indice de l'ambiguïté de tout phénomène historique : c'est que des restes de 68 sont sortis les groupes terroristes. Mais je pense que le plus important n'est pas de parler des causes de la crise actuelle...

A.F. — Excusez-moi, je voulais dire que ce culte de la jeunesse, à mon avis, c'est intéressant, et ça dépasse vraiment le cas de la France. La jeunesse s'est affirmée très fortement en 68 avec une sorte de potentiel de révolte ; mais ce conformisme sur lequel vous tombez d'accord tous les deux s'illustre justement par le culte de la jeunesse.

C.C. — C'est une de ses manifestations.

A.F. — Une autre manifestation qui me paraît être intéressante, c'est cette façon, comme disait Péguy, de toucher à tous les guichets. C'est-à-dire que, plus on est au centre, plus on est vraiment dans la norme, la norme actuelle, la norme de l'actualité et des médias, plus on se présente comme marginal, comme subversif. La *Gay Pride* peut être décrite ainsi : vous savez, cette grande manifestation qui a eu lieu il y a quelques jours ; elle a été célébrée par tous les journaux, elle prenait toute l'apparence de la subversion radicale... Il me semble que c'est une des modalités du conformisme contemporain.

C.C. — C'est certain ; mais là il y a plusieurs choses. Il y a le fait que, depuis le moment où les producteurs et les marchands du système ont découvert qu'il y avait, comme on le dit, un énorme *marché* de la jeunesse, cela a cessé d'être simplement une valeur subversive ou une valeur révolutionnaire. Et puis, d'un autre côté, il y a un fait, que les révolutionnaires classiques, les réformateurs ou les démocrates n'avaient jamais vraiment compris, réalisé ou prévu : c'est cette fantastique capacité de la société contemporaine à tout résorber, c'est-à-dire que tout devient un moyen pour le système. S'il y avait aujourd'hui, par exemple un Antonin Artaud – il n'y en a plus, mais s'il y en avait un –, il serait une curiosité passionnante que l'on financerait : alors, ou bien il se suiciderait, il retournerait de lui-même à l'hôpital psychiatrique, ou bien il deviendrait lui aussi quelqu'un qui passerait à la télévision...

O.P. — Une star de télévision ! Je pense que nous sommes d'accord pour dire que nous vivons, je ne dirais pas une crise (« *Krisis* ») parce que c'est un mot très exagéré, mais que nous vivons dans une sorte d'espace vide où le grand espoir des libéralismes classiques, avec l'idée du progrès, et les espoirs du marxisme sont définis comme un échec historique grave. La chose importante à mon avis sera de voir comment on peut refaire la société humaine. À ce sujet, Castoriadis a dit une chose que je crois importante. Il a parlé de sociétés hétéronomes et de sociétés autonomes. C'est une idée qui se discute, mais très féconde. Il voudrait donc (comme moi, comme tout le

63

monde) cette chose qu'il appelle une société autonome, c'est-à-dire une société fondée par elle-même et consciente que la fondatrice c'est elle, et non un agent extérieur, un dieu, une idée....

C. C — ...Ou les lois de l'histoire...

A.F. — ...La dernière forme de l'hétéronomie.

O.P. — Oui. Mais toutes les sociétés, même les sociétés autonomes, doivent se fonder sur certains principes. Eh bien, depuis un moment, je dis (c'est quelque chose que j'ai écrit dans ce petit livre, *Itinéraires*, et dans les autres, surtout un livre sur l'amour que j'avais publié un peu avant [3]) que ce qui donnera la possibilité de fonder à nouveau la société occidentale et peut-être la société mondiale, ce sera de redécouvrir la notion de personne. Dans le passé encore, la notion de personne impliquait une dualité entre l'âme et le corps : dans toutes les civilisations nous avons ces dualités, ces dialogues, ces luttes parfois entre le corps et l'âme. Mais il y a une chose importante dans le monde actuel : ce sont les avancées, les découvertes de la science ; de plus en plus, nous pensons que ce que nous appelons esprit est une dimension du corps.

A.F. — Donc, il y aurait comme une éclipse de la notion de personne...

---

3. *Un au-delà érotique*, Gallimard, 1994.

O.P. — Je pense que les anciens attributs de la personne se sont maintenant réfugiés dans une autre conception de l'esprit, du « *mind* », comme disent les Américains. Un neurobiologiste que j'admire, Edelman, a dit une chose à mon avis très importante. Pour lui, l'espèce humaine (et en particulier l'esprit humain) est un moment de l'évolution générale ; et il ajoutait qu'on ne peut pas parler du système des neurones, du système nerveux, comme s'il était identique pour tous les individus : il est différent dans chaque individu. Par conséquent, il est très difficile de formuler des lois susceptibles de généralisation tout en arrivant à reconnaître comme il le faut (il ne parle pas de personne, il parle de l'homme, mais c'est la même chose) que chaque individu est un être unique. C'est-à-dire que même la science moderne la plus matérialiste, disons la biologie, admet que chaque personne est unique, exceptionnelle. Et je pense que toute politique, toute pensée politique nouvelle, doit se fonder sur la reconnaissance de ce fait que la personne – chaque personne – est unique.

C.C. — C'est pour cela que je ne me borne pas à parler d'une société autonome, je dis : une société autonome où il y a des individus autonomes, et j'insiste sur le fait que les deux sont inséparables, parce que ceux que vous appelez personnes – bon, en France le mot n'aurait peut-être pas un grand succès parce qu'il a des connotations chrétiennes – personnalistes, je sais très bien que vous ne l'utilisez pas dans ce sens-là, mais...

O.P. — Non, mais je ne m'effraie pas de...

C.C. — Vous avez raison, moi non plus.

O.P. — Parce que le christianisme fait partie de notre héritage.

C.C. — Bien sûr, bien sûr. Mais enfin je préfère parler d'individus (ou, si vous voulez, de personnalités) autonomes ; et précisément ce que l'on peut reprocher à la société contemporaine, mais là on renoue avec ce que nous disions tout à l'heure, c'est de tuer la personnalité, les individus, la véritable individualité des gens. Maintenant, si l'on veut passer à autre chose – moi c'est cela qui me taraude comme problème et là nous sommes devant l'abîme –, au fond, qu'est-ce que ça exige ? Cela exige une nouvelle création historique, avec des significations nouvelles, des valeurs nouvelles, un nouveau type d'être humain, tout cela devant plus ou moins se faire en même temps et dépassant par définition toute possibilité de prévision et de planification.

A.F. — Une nouvelle création historique qui serait une alternative radicale...

C.C. — Absolument.

A.F. — Est-ce qu'il faut penser en termes d'alternative radicale...

O.P. — Si l'on pense en termes d'alternative radicale, on pense en termes de création...

C.C. — Oui.

O.P. — Mais voilà, je suis un peu indécis à propos du mot de création. Si le mot personne a des échos chrétiens, le mot création a des tonalités encore plus théologiques (rires). Il nous confronte à l'idée d'un Dieu créateur qui prend le monde et le fait surgir du néant. La création historique doit se baser sur des données déjà existantes. On ne peut pas faire une chose purement inédite. À chaque période de l'histoire, les créations historiques ne sont pas seulement des combinaisons, mais aussi des transformations d'éléments préexistants. C'est pour cela que la théorie de l'évolution me semble particulièrement féconde : grâce à elle nous pouvons arriver, sans trahir la rationalité de l'univers, à cet être étrange, à cette étrange apparition dans l'histoire de l'univers, qu'est l'esprit humain.

C.C. — Là, il y aurait toute une discussion philosophique que je m'abstiendrai d'aborder maintenant parce qu'elle nous mènerait trop loin. En tout cas, je suis d'accord avec vous pour dire qu'il y a effectivement un passé théologique derrière le mot création ; mais nous ne sommes pas obligés de l'assumer, pas plus que vous n'assumez le passé théologique qu'il y a derrière le mot personne. Je dirais simplement que quand la *polis*, la cité grecque, surgit, quand la modernité surgit, etc., il n'y a pas Dieu derrière, c'est une création des hommes ; et ce n'est pas une simple reprise d'éléments qui existaient, il y a une forme nouvelle qui ne se limite pas à la combinaison. Quand vous écrivez un poème, vous utilisez les mots de la langue, mais ce que vous faites, ce n'est pas une combinaison de ces mots, c'est une forme nouvelle que vous leur imposez, par leur enchaînement, par un esprit qui parcourt un poème : c'est là votre côté créateur en tant que poète.

O.P. — Oui, mais vous parlez déjà d'une définition philosophique du mot création en disant que ce n'est pas comme une combinaison (mais si ce n'est pas une combinaison, qu'est-ce que c'est ?) ; mais ce n'est pas cela l'important. L'idée intéressante, à mon avis, c'est que la création ne se comprend que comme transformation – une transformation qui peut être radicale, comme le passage de l'animal à l'homme...

C.C. — ...Par exemple.

A.F. — Mais peut-être qu'on peut faire une autre objection à l'utilisation de ce terme de création, précisément pour la période qui est la nôtre. Vous avez parlé l'un et l'autre de l'échec d'une certaine espérance et des conséquences que cet échec a pu avoir en termes de passivité ; mais n'y a-t-il pas, ne faut-il pas prendre en compte un échec ou une critique du « principe espérance [4] » tout court ? Et là, je me réfère au livre de Hans Jonas, *le principe responsabilité [5]* : au

---

4. Ernst Bloch, *le Principe espérance*, Gallimard, 1977.
5. Hans Jonas, *le Principe responsabilité*, Flammarion, 1998.

fond, le programme (ou le paradigme) moderne était toujours fondé sur le dépassement du donné vers un mieux, et la création se présente aussi comme un dépassement et parfois comme une abolition du donné. Alors je voudrais vous citer une phrase de Hans Jonas qui me semble bien définir notre situation actuelle, où nous vivons sous la menace d'une technologie de plus en plus puissante : « Brusquement, dit-il, ce qui est tout bonnement donné, ce qui est pris comme allant de soi, ce à quoi on ne réfléchit jamais dans le but de l'action : qu'il y ait des hommes, qu'il y ait la vie, qu'il y ait un monde fait pour cela, se trouve placé sous l'éclairage orageux de la menace émanant de l'agir humain. C'est dans cette même lueur d'orage qu'apparaît la nouvelle obligation. Née de la menace – la technique s'étant transformée de promesse en menace –, elle insiste nécessairement avant tout sur une éthique de la conservation, de la préservation, de l'empêchement et non sur une éthique du progrès et du perfectionnement. » Cette sorte de révolution ou de conversion existentielle qui nous oblige à conserver, à préserver, à sauvegarder la planète, à la gérer, dites-vous d'ailleurs aussi, Cornelius Castoriadis, en bons pères de famille : est-ce que tout cela, précisément, ne doit pas nous amener à sortir d'un paradigme de la création presque trop héroïque ?

C.C. — Non, je crois que là il y a un malentendu parce que nous nous situons à la fois à différents niveaux et à des niveaux qui sont hétérogènes. Quand je parle de création, je parle en tant que philosophe. Prenons le « principe espérance », faut-il espérer, etc. : une des créations les plus considérables que je connaisse dans l'histoire, et qui nous éclaire encore aujourd'hui (je pense que tout le monde ici sera d'accord), c'est celle des Grecs anciens. Les Grecs anciens n'espéraient rien, rien, rien, et c'est pour cela à mon avis qu'ils ont été tellement libres dans leur création. Les tragédies disent toujours : « Tu mourras » ; le fameux chœur d'*Œdipe* dit que la meilleure chose, c'est de ne pas naître, et que la seconde en qualité c'est de, une fois qu'on est né, mourir le plus tôt possible – ce n'est pas l'espérance.

O.P. — Les anciens ne connaissaient pas la notion du progrès. C'est une notion qui vient de la Bible ; elle est antérieure à l'adoption du christianisme, on ne peut pas l'imaginer avant. C'est vrai que les Grecs n'espéraient pas, c'est pour cela qu'ils ont inventé la tragédie, c'est clair. Mais vous avez parlé, dans la citation que vous avez faite, du monde que nous avons sous les yeux. Je voudrais parler de la notion de personne en tâchant de l'intégrer aux conceptions nouvelles de la pensée et de la science modernes ; et là, je parle aussi (puisque toute nouvelle éthique, toute nouvelle politique, doit se fonder là-dessus) de la découverte des autres, de nos semblables. À ce sujet, en premier lieu, il semble bien que la conscience de soi, chez les enfants, ne vienne qu'après la conscience des autres : c'est-à-dire que la solidarité est une donnée innée. En deuxième lieu, je crois que plus que la pensée philosophique, les théories scientifiques modernes que sont la physique d'un côté, la biologie de l'autre, se combinant à cette réalité moderne, la destruction du monde matériel, de l'atmosphère, etc., nous ont montré que nous sommes des produits de la nature – nous sommes des fils du cosmos, nous sommes frères non seulement des êtres vivants, des plus simples aux plus complexes, mais frères aussi des particules élémentaires, et en même temps des étoiles et du soleil. Je pense que l'on peut trouver là la base sur quoi construire une nouvelle société.

C.C. — Oui. Je voudrais quand même reprendre quelques points de cette discussion qui tend un peu à s'étendre de tous les côtés. Si aujourd'hui un mouvement social historique s'avançait et, passez-moi l'expression, créait une société nouvelle, pourquoi y aurait-il là une rupture radicale ? Précisément parce qu'il ne pourrait la créer qu'en rompant avec cette idée que Dieu a créé le monde et l'a donné à l'homme (la Genèse, etc.). Dieu n'a pas créé le monde, en tout cas, il ne l'a pas donné à l'homme. Quant à cette idée de Descartes selon laquelle nous avançons dans la connaissance pour devenir maîtres et possesseurs de la nature, c'est la plus grande absurdité qu'un philosophe ait jamais pu dire (elle s'explique historiquement). On ne sera jamais maîtres et possesseurs de la nature : on ne pourra jamais inverser le sens de rotation de la galaxie, c'est sûr, donc on ne peut pas être ça. De même, l'idée de Marx d'après laquelle la mythologie s'appuie sur l'ignorance humaine : non, la mythologie est une tentative de donner sens au monde, elle ne résulte pas simplement de l'ignorance. Il y a une rupture nécessaire avec tous ces principes de domination de la nature, de la rationalité transformée d'instrument de l'homme ou d'instruments de la pensée en principe final dominateur ; et il y a une valeur à substituer à tout cela ; je suis d'accord avec ce que dit Octavio Paz, je le formulerais un peu autrement. Qu'est-ce qu'une société autonome pourrait se proposer comme objectif ? La liberté de tous et la justice. (Pas le bonheur, parce que le bonheur n'est pas une question politique, mais une question individuelle.) Mais au-delà, comme substance ? Eh bien, je pense que ce qu'une société autonome se proposerait comme objectif, c'est d'aider les êtres humains à devenir les plus autonomes et les plus créateurs possible : parallèlement à la culture, si je puis dire, de notre jardin naturel en bons pères de famille, c'est aussi élever les nouvelles générations dans un esprit de développement de leurs capacités, de respect des autres, de respect de la nature.

A.F. — Octavio Paz, êtes-vous d'accord avec ce programme ?

O.P. — D'accord ; mais je pense qu'il faut le formuler de façon un peu différente. Je dirais que ce programme, ce projet historique (et c'est pour ça que je ne crois pas que ce soit une création, une rupture radicale) s'enracine dans le passé et que la première exigence, c'est de récupérer, de recréer la notion de personne, ou, si vous voulez, d'individu.

C.C. — Oui, absolument.

O.P. — Et je dis aussi que, dans cette notion de personne, il y a depuis toujours, de façon implicite, la notion de l'autre ; et que par conséquent, la deuxième donnée que nous devons citer, c'est la notion de fraternité, une fraternité qui ne se fonde pas sur l'idée que nous sommes fils de Dieu, mais sur la conscience que nous sommes des produits de la nature, de l'univers. Je pense aussi que ce projet doit prendre en considération beaucoup d'autres choses dont nous ne pouvons pas parler maintenant – par exemple le problème purement quantitatif : le nombre, cette difficulté des sociétés modernes. Nos auditeurs sont une masse. Cornelius Castoriadis a parlé de la démocratie grecque : mais la démocratie grecque était faite pour des petits pays, pour des villes, et actuellement nous avons affaire à des nations énormes, avec des millions et des millions d'habitants...

C.C. — ...Et même à la planète entière.

A.F. — D'où la nécessité de résoudre aussi la terrible question du nombre.

C.C. — Bien sûr. Je pense, comme je l'ai écrit autrefois, que cette question est à la mesure des êtres humains. L'humanité peut mieux faire, on n'est pas obligé de balancer toujours entre les petites cités auto-gouvernées et des empires soumis à des pouvoirs aliénants et oppressants ; on peut inventer, créer des formes de gouvernement collectif à des échelles beaucoup plus grandes que celles qu'on a connues jusqu'ici.

A.F. — Bien, alors un mot de ma part aussi, pour réconcilier, précisément, la poésie et la philosophie – puisque j'ai eu la chance d'écouter un philosophe et un poète. Ce mot, je le trouve encore une fois chez Hans Jonas, qui constate que nous sommes amenés, non pas simplement à gérer la planète en bons pères de famille, mais à devenir les chargés d'affaires, dit-il, de la nature, ce à quoi nous n'étions pas préparés ; et il ajoute : un appel muet qu'on préserve son intégrité semble émaner de la plénitude du monde de la vie, là où elle est menacée. Il me semble que la poésie fait depuis longtemps entendre cet appel muet et nous a préparés à ce rôle de chargés d'affaires, de Ronsard à Octavio Paz en passant par Yves Bonnefoy, René Char, etc. Donc, voilà, j'en ai terminé, je voulais vous remercier pour cette discussion et renvoyer à vos ouvrages avec quelque solennité, parce que je crois que ce sont des livres importants et qu'il faut les lire, et les emmener en vacances puisque la période veut cela. Octavio Paz, vous avez donc publié *Itinéraires*, chez Gallimard, et également chez Gallimard un autre livre auquel vous avez fait référence lors de notre conversation : *la Flamme double, Amour et Érotisme* ; votre dernier ouvrage, Cornelius Castoriadis, s'intitule *la Montée de l'insignifiance*, et il est publié aux éditions du Seuil.

Entretien
Cornelius Castoriadis - Jean-Luc Donnet

Katharina von Bulow. — Je voudrais demander à Jean-Luc Donnet quels souvenirs il garde de sa rencontre avec Cornelius Castoriadis, qui alors était surtout connu comme penseur politique, à une époque où Lacan et le lacanisme commençaient à prendre beaucoup de place dans le milieu analytique...

Jean-Luc Donnet. — Ce qui me frappe quand je repense à la manière dont j'ai rencontré Cornelius Castoriadis, c'est qu'il est apparu dans le milieu psychiatrique et psychanalytique qui était alors le mien comme quelqu'un venu d'ailleurs. Avec l'effet de choc, l'effet d'éblouissement aussi, devant l'étendue de ce qu'il pouvait couvrir, aussi bien dans son expérience d'homme, dans son expérience politique, qu'à travers son savoir encyclopédique. Pour moi, ce qui était sans doute le plus frappant dans les premières lectures que j'ai pu faire de ses textes, c'est justement cette liberté, cette acuité que lui donnait sa position, sa connaissance épistémologique ; et aussi cette distance dans son regard sur l'analyse, un regard du dehors – à l'époque je ne savais pas exactement quelle était sa position d'analyste praticien – mais aussi très profondément informé, et situant d'emblée la psychanalyse dans tout un ensemble de domaines scientifiques et, bien sûr, philosophiques... Il se tenait par-delà le fétichisme de la science, par-delà les spécificités étroites et c'était évidemment quelque chose de formidable. Quant à la dimension politique, c'est surtout bien sûr à travers la crise de Mai 68 et le tumulte qu'elle a suscité dans les institutions analytiques, que la position politique de Cornelius m'a intéressé, c'est-à-dire l'interrogation sur l'institution.

Cornelius Castoriadis. — Peut-être faudrait-il dire un mot sur les raisons qui m'ont fait venir à la psychanalyse. J'ai toujours été intéressé par l'œuvre de Freud mais au départ comme une œuvre parmi d'autres. Et cet intérêt s'est transformé en étude passionnée et privilégiée au moment de la combinaison de deux processus : une analyse personnelle, que j'avais commencée dès 1960 et, d'un autre côté – et l'un n'est pas étranger à l'autre, de quelque façon qu'on le prenne –, la profonde remise en cause que j'avais entreprise de l'édifice théorique de Marx, et notamment des aspects qui me paraissaient alors inacceptables, comme un certain déterminisme ou rationalisme de Marx, etc. Et la jonction s'est faite pour moi avec ma découverte, ou ma redécouverte, de l'imagination et de l'imaginaire, de l'imagination au plan de la personne humaine singulière – ce que j'appelle l'imagination radicale – et de l'imaginaire au plan social et historique comme fondateur, créateur des institutions sociales. Et l'on voit évidemment tout de suite l'incompatibilité avec n'importe quelle position marxiste ou marxienne ou marxisante. De ce fait, je me suis plongé dans Freud, j'ai fréquenté certains milieux psychanalytiques de Paris, dont le séminaire de Lacan... De fil en aiguille, j'ai épousé Piera Aulagnier [1] comme tu le sais, avec laquelle j'ai vécu quinze ans. Puis j'ai commencé à travailler comme psychanalyste – ce que je fais toujours... Et cet intérêt pour Freud s'est maintenu, prolongé, approfondi depuis ; ces trois dernières années, mes séminaires à l'École des hautes études en sciences sociales [2] étaient exclusivement consacrés au problème de la psyché. C'était une tentative, c'est une tentative en cours – je suis en train de la rédiger – de reprendre et de reconstruire, les mots sont sans doute trop préten- tieux, de faire un réexamen aussi radical que possible de l'édifice freudien et notamment de l'imagination et de l'imaginaire là-dedans.

Alors, pourquoi l'émerveillement continuait-il ? D'abord, parce que la psyché est « émerveillante » en elle-même. Déjà Héraclite disait : « Tu ne trouveras par les limites de la psyché même si tu parcours toutes les voies... » C'est ce versant de la créativité psy- chique qui m'éblouit toujours, cette poéticité extraor- dinaire telle qu'elle apparaît dans les rêves, par exemple. C'est un lieu commun, mais il faut quand même vraiment les fréquenter de près, en première

1. Laquelle a publié, entre autres, *la Violence de l'interprétation*, Paris, PUF, 1974.
2. Cornelius Castoriadis a commencé à enseigner à l'EHESS en novembre 1980 ; les « trois dernières années » dont il parle sont 1992-93, 1993-94 et 1994-95, après lesquelles il avait pro- visoirement suspendu ses séminaires.

personne, si je peux dire, pour voir les trésors d'invention et de créativité que les rêves contiennent. Ou même des phénomènes psychiques beaucoup plus rares pour la perception commune, mais qu'on voit dans la pratique analytique, notamment la psychose : le délire psychotique comme création est quelque chose de fantastique. Et d'ailleurs toi et Green en avez parlé dans votre livre sur la psychose, puisque le titre même, comme tu le rappelais, est une phrase d'un psychotique qui disait qu'il était « l'enfant de ça [3] ». Il y a aussi, bien sûr, l'autre versant de la psyché humaine, celui de la répétition, sans quoi il n'y a pas de vie psychique ni de vie tout court et sans quoi il n'y a pas d'analyse, bien sûr.

Voilà. On pourrait continuer, parce qu'une fois qu'on entre là-dedans, on entre dans toute la théorie de l'humain... Car cette psyché, laissée à elle-même, pourrait-elle donner autre chose que des enfants-loups ? Tentative de réponse de Freud, *Totem et Tabou* et la suite. Caractère insatisfaisant de cette tentative de réponse, à mes yeux au moins, venant surtout peut-être d'une volonté ou d'un désir de Freud de réduire au psychique ce qui est irréductible dans le fait même de l'institution. Et puis d'autres aspects comme, par exemple, ce qu'est la psyché du point de vue philosophique. On n'en a jamais parlé en fait, on ne sait pas en philosophie ce qu'est la psyché ; ou alors on en a parlé tout le temps et en même temps on ne sait pas ce que c'est. Et avec Freud, évidemment, on a une première grande vue de ce que j'appelle sa *décou-*

---

3. *L'Enfant de ça, psychanalyse d'un entretien*, Minuit, 1973.

verte d'un domaine ontologique, d'un domaine de l'être. Freud ne l'appelle pas ainsi, parce qu'il avait cette espèce de pudeur extraordinaire ou de peur de la philosophie, ou de détestation, je ne sais pas, mais il nous fait voir, avec la psyché, un niveau d'être qui n'existait pas avant lui : la psyché, ce n'est pas une chose et ce n'est pas un concept. Et il faut donner à cette phrase tout son poids. Qu'est-ce que c'est alors ?

J.-L.D. — Ma propre découverte de la psychanalyse, c'est en tant que psychiatre que je l'ai faite, donc dans une perspective beaucoup plus étroite que la tienne, mais ce que tu viens de dire me rappelle à nouveau pourquoi tes textes sur l'imaginaire radical m'ont à l'époque tellement touché, sans que j'en comprenne toutes les implications. Parce que ce que je touchais du doigt avec Freud et à travers la clinique, c'est effectivement cette consistance propre de la réalité psychique. Seulement cette réalité psychique, je l'abordais alors comme médecin psychiatre et à travers Freud, sous l'angle de sa déterminité, puisque justement ce que la première approche faisait surgir, c'était du sens, des séquences de sens, là où il aurait pu n'y avoir que désordre, dans l'association libre. Mais je me retrouvais alors coincé devant quelque chose d'aporétique (la juxtaposition : consistance propre de la réalité psychique/émergence d'un sens). Et ce retournement que tu opérais, renvoyant à une causalité contre toute la métaphysique occidentale, contre la « philosophie héritée », de l'être comme création, donc indéterminité, me permettait de dépasser l'aporie devant laquelle je me trouvais. Et je constate que, maintenant, même la psychanalyse « classique » conçoit, par exemple, le transfert sous l'angle de la répétition, du déterminisme, et simultanément sous l'angle de la création, du surgissement, de l'émergence. Et c'est là profondément chez Freud quand il parle de la « spontanéité du transfert », il est certes déterminé mais l'institution de la cure, le cadre permettent que le phénomène surgisse, émerge dans sa dimension radicalement créatrice *ex nihilo*, dis-tu, et pas *cum nihilo*.

K.v.B. — La profane que je suis aimerait, après ce premier échange, vous poser une question peut-être un peu provocatrice : ne pourrait-on pas soupçonner qu'il y a un vague danger, pour un poète, un écrivain, un musicien, quelqu'un donc qui vit d'un imaginaire en désordre, dans la souffrance et la transgression permanentes, d'être guéri par une cure analytique au point de voir disparaître cette créativité ? Est-ce que l'analyse n'est pas une forme de castration de l'imaginaire en désordre ?

C.C. — Je répondrai à la provocation par une sur-provocation, si je peux dire. Car je crois qu'au contraire la tâche de l'analyse est de libérer l'imagination. Non pas que le sujet fasse n'importe quoi, qu'il ignore toute loi, toute limite, etc. Autonomie, d'ailleurs, veut dire : je m'impose une loi ; *nomos*, c'est la loi et autonomie, c'est la loi qui vient de moi. Alors, les prolongements sociaux, c'est une autre histoire. Mais qu'est-ce que c'est, finalement, que la maladie psychique – et je ne parle pas de la psychose, maintenant, ni de la névrose, essentiellement... ?

K.v.B. — Ce qu'on appelait autrefois l'hystérie...

C.C. — Pas seulement, la névrose obsessionnelle et puis les formes nouvelles de pathologie psychique que nous rencontrons aujourd'hui, eh bien, c'est le blocage de l'imagination, c'est essentiellement cela. Mais oui ! C'est-à-dire qu'il y a un construit imaginaire qui est là et qui arrête tout le reste. C'est comme ça : la femme ou l'homme, c'est ça et pas autre chose ; ce qu'il faut faire, c'est uniquement ça et pas autre chose...

K.v.B. — Ça met quand même en cause toute la création artistique avant la psychanalyse !

C.C. — Mais pourquoi ?

K.v.B. — D'une certaine manière, l'imaginaire qui a joué dans l'art avec l'apparition de la psychanalyse n'a pas été perturbé, ni limité, ni annihilé par l'absence de la psychanalyse.

C.C. — Bien sûr, mais ce n'est pas ça que je veux dire. Ça, c'est le cas exceptionnel et le privilège des artistes, des créateurs, grands ou petits, etc. Or la psychanalyse vise aussi à restaurer au sujet un autre rapport avec son inconscient. Si je peux m'exprimer par une formule dont je voudrais savoir ce qu'en pense Jean-Luc : quelle a été la procédure de la société à l'égard des pulsions qu'elle ne pouvait pas accepter ni contrôler ? Cela n'a pas été de dire seulement – et c'est ça le sur-moi, d'ailleurs, entre autres : tu ne feras pas cela ; mais elle ne peut pas dire, par exemple, tu ne penseras jamais volontairement à la mort de ton prochain... Soyons sincères : névrosé ou non, nous pensons tous dix fois par an, et avec un secret espoir, à la mort de quelqu'un. Et généralement l'individu du commun se culpabilise là-dessus. Je prends un exemple très simple. Or il faut que je sache que ma vie psychique, c'est cela, c'est-à-dire à la fois des pulsions libidinales, des pulsions destructrices, des pulsions d'autodestruction... Que je ne peux éradiquer cela, je ne peux jamais l'éliminer, qu'il faut que je le laisse même venir à la surface – ce qu'essaie de faire la cure ; mais il faut que je sache bien sûr aussi qu'entre désirer une chose et la faire, entre souhaiter une chose et agir pour qu'elle survienne, il y a une distance, qui est la distance du monde diurne, du monde social, du monde de l'activité relativement consciente, réfléchie, etc.

J.-L.D. — C'est effectivement une question classique que vous posez, et en un sens une fausse question. C'est difficile d'y répondre d'une manière rapide et économique, mais la cure elle-même relève, d'une certaine façon, d'une activité pratico-poïétique, c'est-à-dire qu'elle comporte une dimension à proprement parler sinon artistique, en tout cas créative. Quand vous évoquez ce problème, c'est comme si vous suggériez que la création artistique ou toute autre création pourrait ne pas avoir de forme. Or, tout le problème de la création artistique, c'est évidemment que le mouvement créateur se lie et se prenne dans une forme qui doit trouver d'ailleurs sa médiation sociale... D'une certaine façon, c'est la même chose pour l'association libre sur un divan; ça n'est pas une désorganisation ni un « tu dois penser ceci » ou « tu désires cela »; c'est une désorganisation réglée, organisée, donc en vue d'une réorganisation plus libre, plus autonome et plus créatrice. Alors, évidemment, ce qui est classique, c'est qu'il y a pas mal de gens, de créateurs pour qui la capacité de création artistique se trouve liée à un certain équilibre de leur fonctionnement et qui, naturellement, redoutent, en touchant à un point d'inhibition, la répercussion, la redistribution de leur économie psychique. Mais quand ils font leur analyse, je n'ai jamais vu une disparition de la capacité créatrice.

K.v.B. — Je vais formuler la question autrement pour vous relancer sur le mot de désir.

C.C. — On aurait pu parler de Rilke, tenté à répétition par une psychanalyse mais qui avait peur d'y perdre sa sincérité.

K.v.B. — Sartre est un autre cas célèbre, qui a eu un rapport extrêmement perturbé à la psychanalyse.

C.C. — Je dirais que Sartre n'aurait de toute façon rien perdu...

K.v.B. — Entre le transfert et l'interdit, la liberté du sujet, son autonomie ne vont-elles pas être confrontées à la frustration, à une sorte de castration ?

C.C. — Je dirai quelques mots et Jean-Luc, qui a une expérience clinique beaucoup plus considérable que la mienne, vous répondra plus longuement. Ce qui me fascine dans l'histoire de l'interdit, qui va avec le transfert, c'est que c'est précisément un interdit totalement gratuit. On peut dire qu'il y a des raisons sociales, mais non pas biologiques – ce serait une absurdité – pour que les enfants ne couchent pas avec leurs parents, ni les frères avec les sœurs... En un sens on ne pourrait pas dire la même chose de la psychanalyse. Si pendant la cure analytique, il y a un passage à l'acte sexuel par exemple, la cure est morte. Il n'y a là aucun problème, les expériences sont là et les conséquences pour le patient sont très graves, c'est sûr. Et ça ne peut plus être une cure psychanalytique.

K.v.B. — Vous pourriez spécifier pourquoi ?

C.C. — C'est précisément parce que l'analyste est une instance distante, sinon impersonnelle, qu'il représente une surface de projection sur laquelle le patient peut projeter tous ses fantasmes, les bons comme les mauvais. Il est l'objet tout-puissant. Pour citer une phrase de Lacan qui mérite d'être conservée, c'est « le sujet supposé savoir » ! Et ça, on le voit chez les patients. Mais en même temps, peut-être, pour autant qu'il prive le patient de certaines satisfactions, notamment érotiques, il peut être une figure très mauvaise, c'est le frustrant. En ce sens-là, dans les deux cas, il y a dans le transfert une certaine répétition de la relation enfantine. Mais il y a aussi bien sûr autre chose. Une fois la cure terminée, qu'est-ce qui se passe ? Ce que l'on constate, c'est qu'une cure terminée passe par la résolution du transfert, c'est-à-dire que le sujet laisse tomber l'analyste, et à un point qui est presque inhumain.

J.-L.D. — J'ai une comparaison à l'esprit. Il y a bien longtemps, j'ai fait une recherche sur l'accouchement sans douleur et j'allais, la nuit, observer des accouchements. Je me retrouvais pris dans le drame que cela pouvait être, dans la crise. Et les femmes se tournaient vers moi. Je me trouvais en posture de les aider psychologiquement et parfois il se créait un lien d'une extrême intensité. Or, une fois que le bébé était là, c'était comme si je n'existais plus. Les accoucheurs connaissent bien cela. Évidemment la cure analytique, que Freud a comparée à l'occasion à une grossesse, pose des problèmes certes plus complexes. Cornelius a bien insisté sur le fait que ce qui ruine tout projet de cure lorsqu'il y a passage à l'acte sexuel, c'est précisément que le transfert n'est plus analysable. Et la gageure de la cure, c'est que le transfert s'analyse, et que, s'analysant, il se dissout « suffisamment quant aux besoins » – je te cite là, et c'est une formule qui compte beaucoup pour moi, parce qu'elle permet de sortir des schémas théoriques. Et cela se traduit par le fait que, lorsqu'on retrouve ses patients, par exemple dans les sociétés analytiques, on évite d'établir avec eux des relations immédiates, on respecte en quelque sorte des délais, de manière à laisser le transfert disparaître petit à petit dans la vie.

C.C. — Si je peux ajouter un mot, c'est là un problème qui a une importance particulière, mais qui n'en a pas pour l'analyse des sujets en général. Parce que, ou bien l'analyse se fait et le transfert s'analyse tant bien que mal, suffisamment quant aux besoins, ou bien on n'arrive pas à l'analyser et on aboutit à des cures interminables, parce que le patient ne peut pas supporter d'être dégagé de ce lien et parce que l'analyste ne sait pas l'aider à s'en dégager. Mais là où cela devient grave, effectivement, et c'est un des problèmes des institutions psychanalytiques, c'est que cette distanciation devient beaucoup plus difficile si le patient fait une analyse pour devenir lui-même analyste, auquel cas l'investissement de l'analyste comme sujet supposé savoir acquiert un double fond : ce ne sont pas seulement les liens affectifs mais c'est celui qui m'a permis de devenir analyste...

K.v.B. — On revient à l'accouchement...

C.C. — Oui, mon être d'analyste dépend de lui, donc un lien est créé ; et si l'analyste qui a été l'analyste de ce patient ne sait pas y faire, il peut se créer des situations tout à fait intolérables qui perturbent la vie dans les sociétés analytiques.

K.v.B. — Le sujet n'a-t-il pas toujours besoin d'une référence tutélaire extérieure à lui ? Peut-on s'imposer une loi à soi-même ?

J.-L.D. — C'est bien l'ambiguïté foncière que Freud décèle dans l'instance qu'il est amené à dégager comme sur-moi (idéal). La différenciation moi/ sur-moi au sein du moi traduit d'abord et à la fois la genèse du sur-moi à partir du dehors, par intériorisation de l'autorité parentale ; et la pérennisation des conditions (dépendance, besoin d'amour, menace de le perdre) de cette origine infantile par l'intériorisation même.

Mais c'est le travail propre à l'espace psychique de cette différenciation qui permet au moi de s'autonomiser (« de se soustraire à l'autorité du sur-moi », selon Freud) en l'impersonnalisant. Mais l'alimentation pulsionnelle du sur-moi (notamment en agression) fait que sa régression et sa reprojection sont constamment sollicitées. Ainsi voit-on par exemple un malade cacher une aggravation à son médecin, parce qu'il craint plus le mécontentement du médecin que son mal. C'est ce que Freud a à l'esprit quand il souligne que peu d'hommes ont la capacité de désexualiser tout à fait la figure du destin : la projection religieuse est toujours attrayante, sous une forme ou sous une autre. Cette brève digression pour faire écho à ton interrogation sur l'institution analytique. Le risque que tu soulignais est bien réel et il est arrivé que l'institution analytique le méconnaisse. Mais n'a-t-elle pas alors reproduit les formes institutionnelles de son temps ? En quoi un analyste hors institution serait-il plus libre à l'égard de l'héritage reçu de la tradition ? Il me semble que le conflit du sujet et de l'institution – en ce qu'elle a de collectif – est seul en mesure de soutenir un processus véritable d'autonomisation. L'autonomie telle que tu la conçois n'a rien à faire avec la liberté abstraite d'un sujet abstrait, mais est processus permanent de différenciation, qui suppose la ressemblance.

C.C. — Je suis tout à fait d'accord avec ce que Jean-Luc vient de dire. Et je dirais que ta question est peut-être la plus importante de celles qu'on a discutées jusqu'ici, parce qu'elle recoupe à la fois le problème de la psychanalyse individuelle et le problème politique. Pour le dire en langage freudien : pourra-t-il jamais y avoir une humanité qui n'ait pas besoin de totem ? C'est de cela qu'il s'agit. Des totems qui ont pris différentes formes. Peu importe l'exactitude historique du totémisme. Jéhovah, de ce point de vue, est un totem. Freud le dédouane en partie, parce qu'il considère que la loi judaïque est parmi les lois les plus impersonnelles précisément.

K.v.B. — En quoi il se trompe lourdement.

C.C. — Ça, c'est une autre histoire. À mon avis, un des manques de la conception psychanalytique sur cette question qui se relie aussi avec le problème des analyses interminables, c'est qu'on regarde uniquement le côté libidinal de l'affaire, c'est-à-dire la peur d'être réprouvé ou de n'être plus aimé (Dieu ne t'aimera plus si tu fais cette chose), par une figure qui est un substitut de la figure paternelle ou maternelle (maternelle très souvent d'ailleurs), et on ne voit pas l'autre côté. L'autre côté, c'est la mort et la mortalité. Freud, dans *l'Avenir d'une illusion*, associe les racines de la religion au sentiment d'impuissance devant le vaste monde. La science est remplacée par la psychologie puisqu'on antropomorphise le destin, les forces de la nature, etc. : Dieu m'aime ou ne m'aime pas, je ferai pour qu'il m'aime comme s'il était une femme, un homme, ou un amant ou une maîtresse. C'est la réponse à l'énigme la plus importante de toutes, l'énigme de la mort. Or, la castration ultime, si on veut utiliser ce terme, c'est de comprendre qu'il n'y a pas de réponse à cette question, qui est la question de la mort. C'est-à-dire que c'est l'acception radicale par le sujet de sa mortalité en tant que figure personnelle et même en tant que figure historique. Et c'est ce qui est très difficile à accepter aussi bien par le patient individuel dans l'analyse que par les sociétés. Une partie du désarroi de la société contemporaine, c'est cette tentative après la chute de la religion – je parle maintenant de l'Occident – de remplacer cette mythologie religieuse par une mythologie immanente qui est celle du progrès indéfini.

J.-L.D. — La religion de l'histoire...

C.C. — La religion de l'histoire, que ce soit sous la forme libérale ou la forme marxiste. Au lieu de voir que ce sont des constructions mythologiques qui ne tiennent pas rationnellement. Pourquoi diable faut-il augmenter les forces productives indéfiniment ? Il y a donc actuellement, avec l'effondrement aussi bien de l'idéologie du progrès que de l'idéologie marxiste, un énorme vide, et c'est ça le vide de sens, parce que l'humanité abandonne le sens de la mort qui était donné par la religion chrétienne pour l'humanité occidentale, et elle ne peut pas encore et peut-être ne pourra-t-elle jamais – mais ça c'est la question la plus profonde de la politique à mon avis – accepter que nous sommes mortels en tant qu'individus comme en tant que civilisation et que ça n'abolit pas le sens de notre vie.

J.-L.D. — Ça n'abolit pas le sens de notre vie parce que, comme dit B. Thom : « La vie, c'est l'amour de la vie », et que cela suffit, en fait de sens. Cela pourrait suffire, mais, je le rappelais, rares sont ceux capables de désexualiser tout à fait la figure du destin. C'est le même Freud qui demande à M. Schur de lui faire une dernière piqûre parce que « cela n'a plus de sens. » Désexualiser les figures du destin, ce n'est pas désexualiser sa vie, c'est ne plus avoir besoin de lui conférer abstraitement un but « à travers » le désir de l'autre. Dans « Malaise dans la civilisation », Freud écrit qu'il faut l'orgueil de l'homme pour croire que la vie humaine est censée avoir un but, et que la religion seule se met en posture d'y souscrire.

Cela dit, il est vrai qu'à partir du moment où il se met en posture de recenser l'ensemble des méthodes par lesquelles l'homme tente de se rendre la vie supportable, Freud rencontre l'ombilic de l'illusion dans le caractère incontournable des jugements de valeur « qui dérivent toujours de nos besoins de bonheur et sont donc au service de nos illusions. » La reconnaissance du lien structural entre le principe du plaisir et les jugements de valeur conduit bien à poser la nécessité du recours à l'illusion, ce qui amène Freud à un dialogue complexe et presque embarrassé avec lui-même dans « l'avenir d'une illusion », où la vérité inconsciente du religieux s'avère comparable à la vérité grotesque incluse dans les théories sexuelles infantiles. En somme, Freud rencontre la part d'impasse de son rationalisme dans ce qu'il a de positivité. Il ouvre sur la dialectique de l'illusionnement-désillusionnement dont Winnicott montrera qu'elle conditionne l'introjection pulsionnelle (érotique agressive) qui fait la validité du rapport à la réalité. Il serait tentant de confronter ces développements avec ceux qu'implique la conception de l'imaginaire radical, que j'ai eu envie de relier au concept du « ça » malgré le caractère non représentationnel du « ça » freudien.

K.v.B. — Ce n'est pas l'immanence de la loi, mais c'est tout simplement la transmission par l'enfant interposé.

C.C. — Ce qui m'a toujours hérissé dans le christianisme, c'est l'idée de ce Dieu qui pourrait m'aimer, moi. Qu'est-ce que c'est que cet Être infini qui se soucie de savoir si j'ai bien mangé ma soupe ou si je n'ai pas bien mangé ma soupe, si je me suis masturbé ou si je ne me suis pas masturbé, si j'ai désiré ma mère ou si je n'ai pas désiré ma mère, qui interdit la sodomie, le ceci, le cela, etc. Est-ce que ce sont des objets dignes d'un Dieu ? Non. Pourquoi il a tous ces attributs, Dieu ? Parce qu'il est là comme substitut précisément de l'instance interdisant, avec la prime : « Si tu fais ça, Dieu, il t'aimera », et ça c'est la resexualisation. Bien sûr, c'est la sexualisation non pas sublimée, mais idéalisée. C'est-à-dire qu'on ne va pas faire l'amour avec Dieu, mais on sera dans son giron.

J.-L.D. — Les bonnes sœurs font l'amour avec Dieu...

C.C. — Laissons de côté les cas extrêmes, disons qu'on sera tous dans son giron. Qui a un giron ? C'est la maman, n'est-ce pas ? Donc, je n'accepte pas cette idée. Et je voulais dire quelque chose de plus : c'est vrai que c'est un problème très dur dans la réalité. Comme le dit Jean-Luc, le sens, c'est l'activité de création de sens et pour moi d'ailleurs c'est toute une réinterprétation de l'idée philosophique de vérité qui entre là-dedans. Parce que la vérité n'est pas correspondance, n'est pas adéquation, c'est l'effort constant de briser la clôture dans laquelle nous sommes et de penser autre chose et de penser non plus quantitativement, mais plus profondément, de penser mieux. Ce mouvement-là est la vérité. C'est pour cela qu'il y a des grandes philosophies qui sont vraies, même si elles sont fausses, et d'autres philosophies qui peuvent être correctes et qui n'ont aucun intérêt.

J.-L.D. — Ça, c'est reliaison de liaison.

C.C. — C'est effectivement reliaison de liaison. Quelle est la phrase de Freud à Schur au moment où il lui demande de faire la piqûre fatale ? « Il n'y a plus de sens. » Jusque-là, alors, pour Freud, sa vie avait un sens. Pourquoi ? Parce qu'il pouvait travailler et penser. Et quand il est pris par une douleur incessante, il est en état d'incapacité et il dit « que ça n'a plus de sens. »

Mais pour terminer, doit-on s'appuyer sur un nationalisme radical, ultime ou positiviste pour accepter la possibilité d'une autonomie des individus ? Je prendrai un cas qui n'est pas clair comme de l'eau de roche, mais qui fait penser tout de même : c'est la Grèce ancienne, et notamment la cité démocratique. Dans la cité démocratique, il y a une religion, mais cette religion est une affaire civile. C'est la religion civile, comme dirait Rousseau. Il n'y a pas de croyance en l'immortalité de l'âme. Les premières inscriptions funéraires où l'on voit l'espoir d'une autre vie et où, d'une certaine façon, on prie les dieux d'être favorables au défunt, datent d'après la fin du 5e siècle, c'est-à-dire dans une phase de décadence. Jusqu'alors, ou bien il n'y avait pas d'immortalité, ou bien il y avait ce qu'Achille dit à Ulysse quand celui-ci lui rend visite au pays des morts : « Je préférerais être l'esclave d'un pauvre paysan sur la terre qu'être roi de toutes les ombres. » La mort est pire que la vie, il n'y a pas d'espoir. Cela n'empêche pas les Grecs de créer, notamment une démocratie où il est clair que la loi est posée par le peuple. Cela n'est certes pas pur comme exemple parce qu'il y a le reste de religiosité, une religiosité qui n'a pas le même caractère. On le voit dans la société contemporaine. Même s'il n'y a pas eu une déchristianisation totale avec la Révolution française, les démocraties modernes se sont établies sur le principe de la laïcité.

J.-L.D. — J'ai envie de revenir sur l'éthique, sur la spécificité de la position psychanalytique, spécificité qui ne se manifeste pleinement que dans la pratique et connaît des interférences inévitables dès lors qu'il y a effort de théorisation (mais la cure n'est jamais une « application » de la théorie). Cette spécificité découle d'une écoute qui privilégie avant tout l'événementialité psychique dans son flux processuel, sa contextualité, sa dynamique. Ce privilège conféré aux processus primaires fait passer au second plan les contenus représentationnels en tant qu'ils peuvent être appréciés dans leur validité au regard des processus secondaires, et d'une quelconque argumentation.

Utilisé en psychanalyse appliquée, ce privilège permet d'interpréter l'ensemble des grandes constructions de l'esprit humain (religions, métaphysiques) et jusqu'aux systèmes scientifiques, sans se placer sur le terrain de leur validation. Tous ces systèmes peuvent en effet apparaître comme des projections dans le monde extérieur de certaines endoperceptions du fonctionnement psychique, et contribuer ainsi à sa connaissance : c'est pourquoi, faisant écho au choix du terme de « métapsychologie », j'ai proposé de parler de « l'opération méta ».

Il me semble important de bien situer, au moins dans un premier temps, la spécificité de cette approche, qui ne saurait viser à « réduire » ces systèmes, pas plus d'ailleurs que les autres productions de la civilisation, parce qu'elle ne prétend aucunement s'y substituer. Même s'il s'avère en dernière instance, intenable, ce point de vue correspond à un refus, pour la psychanalyse, de produire une « conception du monde ».

Ainsi quand Freud, dans « Moïse », parle du christianisme comme d'une « régression » au polythéisme et au figuratif, en même temps que d'un progrès dans l'aveu du meurtre du père (aveu récompensé !), il se réfère au fonctionnement psychique sans que régression ou progression prennent valeur normative. Par contre, il lui est indispensable, dans sa logique propre, de poser la réalité matérielle-historique du meurtre du mâle dominant dans la horde primitive ; nécessité de construire un mythe – serait-il scientifique – pour approcher l'inconnu.

K.v.B. — L'inconnu, c'est ?

C.C. — L'inconnu, c'est l'horizon, c'est le mythe, c'est le sans-fond.

K.v.B. — Le sans-fond, le fameux *Uhr* de la philosophie allemande.

C.C. — Le *Uhr* que Freud utilise très souvent.

Entretien Cornelius Castoriadis -
Francisco Varela

Katharina von Bulow. — Je voudrais d'abord demander à Francisco Varela comment il a découvert Cornelius Castoriadis, pourquoi il s'est intéressé à lui, à quoi il lui « sert » dans ses propres travaux...

Francisco Varela. — On se connaît depuis de nombreuses années, plus de quinze ans, certainement. Et les connexions entre nos travaux sont de divers types, et ont, historiquement, évolué et changé. Au début, je crois que ce qui m'a intéressé dans la lecture de son ouvrage [1], et parallèlement ce que Corneille trouvait dans mes écrits, c'est qu'on réfléchissait tous les deux à la question de l'autonomie ; pour moi, plutôt du côté du vivant, puisque je suis biologiste, et pour lui du côté de l'imaginaire et du social. Mais ce sont des problématiques qui évidemment se réfèrent l'une à l'autre.

K.v.B. — Et l'aspect psychanalytique, aussi ?

F.V. — Ce n'est pas le psychanalyste que j'ai lu, mais plutôt le théoricien de la société et le penseur de l'imaginaire. Pour moi, ce n'est pas la même chose.

---

1. Allusion à *l'Institution imaginaire de la société*, Le Seuil, 1975.

K.v.B. — Et de votre côté, Cornelius, qu'est-ce qui vous a intéressé chez Francisco Varela ?

Cornelius Castoriadis. — Je travaillais depuis pas mal de temps quand même sur la question de l'autonomie, qui avait d'abord dans mes écrits une signification politique ; c'était un projet politique d'une société autonome faite par des individus autonomes – projet qui est toujours le mien, d'ailleurs. Et à partir d'un certain moment, quand j'ai commencé à critiquer Marx, à rejeter sa conception de l'histoire, il m'est rapidement apparu que l'histoire et l'institution de la société étaient l'œuvre d'un imaginaire instituant, d'un imaginaire collectif radical, parallèle à l'imagination créatrice radicale de l'individu. Que donc chaque société se crée elle-même et, en se créant elle-même, crée un monde propre. Et ça, c'est déjà là dès 1964-65, dans la première partie de *l'Institution imaginaire de la société*, et je l'ai beaucoup élaboré dans la deuxième partie de ce livre publié en 1975. Quand j'ai découvert le travail de Francisco, surtout ce livre formidable que j'ai d'abord lu en anglais, *Principles of Biological Autonomy* [2] (« les Principes de l'autonomie biologique »), qui a été traduit en français sous le titre *Autonomie et Connaissance* [3] – une version révisée, d'ailleurs, enrichie du point de vue conceptuel mais légèrement abrégée dans sa partie mathéma-

---

2. Ouvrage dont Cornelius Castoriadis avait, le premier, rendu compte dès sa parution en anglais, dans le numéro XXX du *Débat*, 1982.
3. Le Seuil, 1989 (sous-titré « Essai sur le vivant »).

tique –, j'ai tout de suite découvert une énorme parenté : le travail de Francisco, de même que celui d'un autre biologiste chilien, Humberto Maturana [4], depuis 1973, que je ne connaissais pas jusqu'alors, tournait autour de la même problématique que celle à laquelle je réfléchissais : comment peut apparaître, peut émerger – ce dernier terme ne me convient pas, mais on en rediscutera sans doute – une unité que dans mes vieux termes philosophiques j'appelle un « être pour-soi » ? Un être pour-soi, c'est-à-dire aussi bien un être vivant – qui en un sens est autocentré, c'est-à-dire vit sa conservation, sa reproduction – qu'un être psychique ou un être social, puisque toute société vise à se conserver, à se reproduire, comment cela émerge-t-il et en quoi consiste sa spécificité ? Et c'est là-dedans que Maturana et Francisco avaient mis en avant le concept d'autonomie de l'organisme vivant, concept qui est énormément travaillé dans *Autonomie et Connaissance*. Et qui s'oppose radicalement à l'idée qu'on pourrait rendre compte de l'organisme vivant uniquement à partir d'actions externes. De même que s'y opposent ces principes que Francisco a formulés, que j'approuve tout à fait et que j'utilise moi-même, de la clôture cognitive et de la clôture informationnelle.

Qu'est-ce que cela veut dire, brièvement, pour nos auditeurs ? Je peux en dire un mot, tu me corrigeras si je t'ai mal compris. En tout cas, telle que moi j'utilise

---

4. H. Maturana, F. Varela, *De Maquinas y Seres Vivos : una teoría de la organización biológica*, Editorial Universitaria, Santiago de Chile, 1973.

maintenant beaucoup la notion de clôture, c'est que pour un pour-soi, un sujet psychique, donc, ou un vivant ou une société, il y a création d'un monde propre, *Eigenwelt*, on dirait en allemand, et que rien ne peut entrer dans ce monde propre s'il n'est transformé suivant les principes de ce monde. C'est assez facile à comprendre. Prenons l'exemple du vivant : il est sensible à une certaine catégorie de chocs extérieurs mais ces chocs ne lui sont jamais présentés comme « ils sont » ; ainsi, les vivants supérieurs ont une perception des couleurs mais, pour utiliser une expression radicale quoique tout à fait correcte, le monde du physicien n'a pas de couleurs, il a des longueurs d'ondes. La couleur est une qualité qui apparaît avec certaines catégories de vivants, lesquels ne perçoivent pas de vibrations lumineuses comme telles, comme vibrations électromagnétiques, mais perçoivent du bleu, du rouge, etc. De plus, et c'est un point sur lequel Francisco a insisté lui aussi, non seulement il y a cette transformation de ce que Freud appelait très justement des masses d'énergie, des masses de matière en mouvement, en qualités pour le sujet, mais il y a aussi le fait évidemment qu'il n'y a jamais correspondance terme à terme, c'est-à-dire, par exemple, que la perception de la couleur est toujours fonction d'un contexte perceptuel – et j'ajouterai aussi d'ailleurs subjectif, mais c'est une autre histoire… Il y a donc cela. Et la même chose est vraie dans le système psychique. C'est là mon domaine plutôt que celui de Francisco, mais prenons, si vous voulez, un cas extrême : un paranoïaque interprétera tout mouvement comme visant à le détruire ou à le persécuter. Par exemple, ce micro que vous tenez devant moi émet en ce moment des effluves qui visent carrément à détraquer mon système nerveux... Il fait tout rentrer dans son système d'interprétation. Même chose pour une société, où cette clôture apparaît plus explicitement dans des sociétés fermées, par exemple primitives ou traditionnelles : pour une vraie mentalité hébraïque, un événement aussi catastrophique que l'holocauste sera interprété comme une épreuve supplémentaire infligée au peuple juif, et à lui seul, qui prouve son élection. L'holocauste va entrer dans le système d'interprétation qui est le monde propre de cet univers imaginaire juif. C'est donc sur ces idées surtout que j'ai rencontré Francisco, que je l'ai même utilisé...

F.V. — Il faudrait là évoquer le colloque de Cerisy sur l'autoorganisation [5]... Pour moi, la motivation pour ce type de réflexion ne venait pas du tout du versant plutôt psychanalytique de Corneille ou du penseur social. Sur le terrain de l'autonomie, je restais biologiste. Pourquoi ? Parce qu'il y avait à l'origine de cette investigation sur l'autopoïèse, qui veut dire littéralement autoconstruction, autoproduction...

C.C. — ...ou autocréation...

F.V. — ...ou autocréation, oui, c'est un néologisme grec inventé pour désigner ce dont Corneille vient de dire un mot, il y avait donc alors, à l'époque où on a

---

5. *De la physique au politique*, sous la direction de Paul Dumouchel et Jean-Pierre Dupuy, Le Seuil, 1983.

travaillé sur ce thème, la volonté de s'opposer à ce qui était, vers les années soixante-dix, la pensée dominante, qui voyait dans le vivant un système plutôt recueilleur d'informations, captant l'information, les chocs venant de l'extérieur pour, ensuite, leur imposer une certaine manipulation unitaire. Ce modèle, fondé sur la métaphore de l'ordinateur, nous semblait tout à fait insatisfaisant. Mais il faut bien comprendre qu'on était alors vraiment à contre-courant, et plutôt isolés. Aujourd'hui…

C.C. — …on l'est toujours plus ou moins, non ?

F.V. — À mon avis, ça a évolué énormément, et ce modèle pour penser le vivant, ce représentationnisme à outrance, a quand même maintenant une existence beaucoup plus affaiblie. On a donc forgé ce concept d'autoproduction ou autocréation ou autopoïèse pour exprimer ce fait fondé sur la biologie même de l'organisme, sur la biochimie et la vie cellulaire. Pourquoi ? Parce que, et c'est là le deuxième point important pour moi, c'est un geste qui est à l'origine, à la racine même de la vie. Il n'est même pas nécessaire de le penser au niveau des mammifères, des humains ou des êtres sociaux : la vie en tant que processus auto-constituant contient déjà cette distinction d'un pour-soi, comme dirait Corneille, source de, d'où émerge l'imaginaire, capable justement de donner du sens à ce qui n'est que masses d'objets physiques. Cet enracinement du sens dans l'origine de la vie, c'est là la nouveauté de ce concept d'autonomie, d'autopoïèse. D'où, je crois, sa popularité, du moins un certain succès dans les années suivantes. Et ce que je viens de dire, qu'il y a l'excès de l'imaginaire qui vient de cette autoconstruction du vivant, c'est une des choses que j'ai apprises en lisant Corneille. Et je n'aurais jamais osé parler de l'imaginaire à l'origine de la vie si je n'avais pas disposé justement de cette espèce de continuité entre les phénomènes biologiques de l'origine de la vie et le domaine social. Je dis bien continuité, je ne dis pas identité.

K.v.B. — Dans votre dernier livre [6], Francisco Varela, vous parlez tout de même de philosophie tout au début, vous évoquez l'importance de la phénoménologie, vous mentionnez Husserl, Heidegger et Merleau-Ponty, pour remarquer qu'eux au moins ont placé dans le corps le début de leur philosophie, le début de leur réflexion sur la perception, l'imaginaire, la constitution du sujet, etc., mais que pour vous ce qui n'est pas pertinent dans la philosophie, c'est justement qu'il s'agit d'un processus qui relève de la biologie, donc d'une science, et que tout ce qu'on a pensé sur l'esprit, l'âme, la psychanalyse, etc., semble mis en cause par cette approche scientifique.

F.V. — Mais pas du tout ! Ce que j'essaie de dire dans mon livre, c'est, d'une certaine manière, le contraire. Mais dans le sens suivant. Déjà, première parenthèse, j'ai écrit *l'Inscription corporelle de l'esprit* presque vingt ans après cette théorisation de l'auto-

---

6. *L'inscription corporelle de l'esprit*, écrit en collaboration avec Evan Thompson et Eleanor Rosch, Le Seuil, 1993.

poièse : bien des choses se sont passées entre-temps, et vous ne pouvez pas faire l'économie de toute l'évolution de mon travail. Mais, surtout, quel est le but fondamental de cette réflexion dans *L'Inscription corporelle ?* C'est de soulever une question qui me semble encore très mal pensée dans les sciences qui s'occupent de la pensée ou des phénomènes cognitifs et mentaux, et là je vise les neurosciences, la linguistique, ce qu'on appelle en gros les sciences cognitives [7]. La question ouverte est l'abîme qui existe entre les mécanismes proposés par les sciences et le vécu incarné de tout individu. Sans éclaircir la transition et la coimplication de ces deux pôles, tout effort d'une réflexion commune sur l'autonomie du vivant et le social ne peut que rester lettre morte. C'est ici que la phénoménologie, dans sa tradition merleau-pontienne, est d'un grand secours.

C.C. — Je suis tout à fait d'accord avec ce que tu viens de dire. Je voudrais simplement mettre en avant un certain nombre de points. Et, d'abord, ce qui est frappant quand on voit la tendance qu'on a appelée cognitivisme, et même le connexionnisme, c'est que – je suis brutal, comme d'habitude ! – ces gens-là sont des idéalistes qui s'ignorent. Ces positivistes sont des idéalistes qui s'ignorent. L'être humain, c'est quoi, pour eux ? C'est un dispositif computationnel, un système qui calcule. C'est le modèle de l'ordinateur : le courant arrive, un contact se fait ou ne se fait pas, c'est

---

7. Cf. Francisco Varela, *Introduction aux sciences cognitives*, Le Seuil, 1999.

0 ou c'est 1, c'est non ou c'est oui ; et le résultat final est une énorme cumulation de oui et de non, de 0 et de 1, très sommairement et brièvement parlant. Or, l'essentiel dans l'être humain, et qui joue aussi un rôle énorme dans la cognition, n'est pas là. On ne peut pas considérer les activités cognitives détachées d'autres éléments qui sont tout à fait décisifs. En tant que psychanalyste, je dirais d'abord qu'il y a un flux psychique qui est flux de représentations. Et de représentations non pas au sens du cognitivisme, c'est-à-dire de photographies que j'aurais en moi de ce qui se passe à l'extérieur et qui seraient plus ou moins adéquates ; c'est là une image tout à fait fausse et controuvée, même si les philosophes la partagent depuis longtemps. Mais la représentation, au sens qu'il y a toujours une image du monde, qui n'est pas image au sens du décalque, mais création d'un monde imaginaire à chaque moment où je parle, et imaginaire au sens fort du terme, ce qui ne veut pas dire fictif. Et cette représentation est toujours accompagnée de deux autres vecteurs, un vecteur affectif et un vecteur que j'appellerais intentionnel au sens classique du terme, c'est-à-dire désirant si on parle de l'être humain. Pour le dire brièvement, toutes les idées concernant la possibilité, pour un ordinateur, de remplacer la pensée humaine, au-delà des calculs, de la computation, peuvent être clarifiées en posant une question : y aura-t-il un jour un ordinateur suffisamment passionné, de lui-même et sans instructions, par la question de l'infinité des nombres premiers ou par la démonstration du fameux dernier théorème de Fermat pour entreprendre une recherche là-dessus ?

Moi je dis non ! Parce qu'il faut là une passion pour la chose. Et il faut en plus une orientation de la recherche qui ne peut être donnée par le simple calcul. La passion, c'est de l'ordre de l'affect, et elle est mêlée à un désir de savoir, de connaître… C'est là un premier aspect qui, je crois, est très important. Un deuxième aspect, dont j'ai vu avec bonheur dans le dernier livre de Francisco qu'il est tout à fait envisagé, c'est bien entendu la composante sociale. On ne peut pas parler d'une machine humaine, même si elle n'est pas machine tout à fait, comme d'un ego qui fonctionnerait tout seul. Quand je fonctionne, déjà dans la perception, des schèmes sociaux sont impliqués, le langage est impliqué, la séparation des objets, je l'ai apprise petit à petit suivant l'organisation du monde créée par ma société… Cette composante sociale n'est pas du tout secondaire, elle est tout à fait essentielle.

Le troisième point, et là je crois que nous sommes en plein dans l'océan de notre ignorance, c'est précisément l'inscription corporelle. Et c'est là aussi une nouvelle approche que j'essaie d'élaborer depuis un ou deux ans concernant l'inconscient freudien. De quoi s'agit-il ? Freud, certes, parle des pulsions, pour dire qu'elles sont la frontière entre le psychique et le somatique, mais il n'envisage pas une dimension selon laquelle l'inconscient serait très profondément ancré dans le corps, indépendamment même du fait qu'il y ait ou pas de pulsions. Cette dernière formulation est mauvaise parce qu'il y a toujours, précisément d'après ce que je disais tout à l'heure, un « tendre vers », une pulsion de l'organisme vivant… Mais quand même, il y a autre chose que les pulsions canoniques explorées par Freud, il y a une frontière semi-perméable dans les deux directions entre le corps et l'âme ; cette façon de distinguer le corps et l'âme est à la fois inévitable et fausse, il n'y a pas d'âme sans corps mais il n'y a pas de corps sans âme, comme disait Aristote : le cadavre de Socrate n'est pas Socrate, l'âme n'est plus là, il n'y a plus de Socrate, c'est terminé. Sous l'infrastructure de l'inconscient freudien, donc, il y aurait à mon avis à creuser, pour trouver soit un enracinement – peut-être le mot est-il mauvais –, du moins une liaison profonde et certainement *sui generis* entre le biologique et le psychique humain.

F.V. — Il y a, dans ce que tu viens de dire, un aspect sur lequel nous sommes clairement et profondément d'accord : la question de cet enracinement de l'imaginaire, de la connexion avec la corporalité. Question pour moi aussi grande ouverte : je n'ai pas de réponse à proposer. Mais je ne confondrais pas cette question avec la description que tu fais du modèle computationnel dans les sciences cognitives, dépourvu d'émotions, de pulsions. Personnellement, je peux parfaitement envisager la construction, la mise au point, par les nouvelles écoles cognitives, d'objets techniques qui seraient justement pleins d'émotion. Il faudrait alors les concevoir sur un modèle non computationnel, celui d'un système dynamique, par exemple, intégrant indissociablement l'histoire et ses contraintes, de telle sorte que l'intentionnalité et le désir apparaissent pour ces objets. Alors ils ne se passionneront peut-être pas pour le théorème de Fermat mais peut-être se passionneront-ils pour d'autres choses… C'est en tout cas tout l'enjeu de la nouvelle robotique, d'avoir des robots désirants pour faire du « bon boulot de robot ». C'est un enjeu qui existe aujourd'hui. Du moins la question est-elle posée.

C.C. — Est-ce que tu penses que cette tâche est réalisable ?

F.V. — En principe, oui.

C.C. — Au-delà des trivialités, je veux dire.

F.V. — Certainement, au-delà des trivialités. Il reste un problème empirique, bien sûr, mais en principe je ne vois pas l'impossibilité d'avoir des machines ou des objets techniques où le pulsionnel ou l'émotionnel est lié au cognitif d'une manière, je ne dis pas identique mais analogique à celle du vivant. Mais cela ne répond pas du tout à la deuxième partie de la question que tu soulevais et qui est le problème, justement, de la spécificité du mode de l'expérience humaine et ce que cela veut dire pour l'homme. Ce n'est pas la même chose.

C.C. — Non, bien sûr.

F.V. — Et c'est vrai qu'on a aujourd'hui de plus en plus de preuves de la possibilité de théoriser l'émotionnel de façon à ce qu'il ne soit pas une espèce de centrifugation résiduelle de la vraie connaissance, qui serait seulement de l'ordre de l'abstraction et du logique. Et on dispose actuellement de modèles où, justement, le pulsionnel, le rationnel et l'historique sont tout à fait en amalgame. C'est un peu ce que j'essaie de désigner par ce néologisme – encore un ! – d'*enactive*, la vision *enactive* de la connaissance. Ce mot est pour moi comme un drapeau pour signaler cette possibilité de voir le travail. Reste à savoir s'il est tout à fait réalisable ou non.

K.v.B. — Pouvez-vous éclairer un peu l'auditeur profane ?

F.V. — Vous avez raison de demander deux mots d'explication [8]. Enactif n'est pas un néologisme d'origine grecque, c'est un détournement de l'anglais *enaction*, qui désigne les gestes qui accompagnent le faire-émerger de quelque chose. Par exemple, on dit que le président Clinton a « enacté » son programme économique, il l'a mis en marche ; il s'agit d'un geste, il s'agit d'une tâche, et c'est aussi une conception et encore une histoire, tout cela va ensemble dans le mot *enaction*. Par exemple aussi, on dira qu'on a « enacté » une pièce de théâtre.

K.v.B. — Mais si l'homme est déjà si compliqué que même le philosophe, le sociologue, le psychanalyste, le biologiste, le mathématicien, les scientifiques et les philosophes depuis Aristote n'ont pas réussi à l'expliquer, pourquoi faut-il inventer un robot en plus ?

---

8. Cf. définition du concept dans *l'Inscription*, p. 234 *sq.*

C.C. — Mais là, la réponse est facile : on construit des robots pour essayer de comprendre ; ce sont au début des modèles horriblement simplifiés, maintenant plus complexes et qui seront sans doute de plus en plus complexes... Soit dit en passant, les premiers modèles, comme le souligne Francisco, étaient liés par l'architecture des ordinateurs de l'époque, qu'on appelle l'architecture de von Neumann ; toutes les opérations étaient séquentielles : avant de répondre à la question B, il fallait répondre à la question A, et avant la question A, il fallait répondre à la question W... Alors que maintenant, grâce à l'architecture « vectorielle », on envisage la possibilité, en partie réalisée d'ailleurs, de ce qui s'appelle un traitement en parallèle, où des centres relativement indépendants – sans être totalement indépendants, sinon ce ne serait plus un ordinateur – peuvent accomplir certaines tâches pendant que d'autres centres accomplissent d'autres tâches, etc. Et la machine est faite pour que les résultats convergent dans l'accomplissement d'une tâche.

Cependant le problème est quand même, je crois, plus difficile que cela parce que la question n'est pas de savoir si on fabriquera un jour un ordinateur qui saura simuler les passions mais si l'on pourra jamais formaliser ce que nous connaissons comme désirs et comme passions et surtout comme imagination. Et là, il me semble qu'il y a une contradiction dans les termes. Pourquoi ? Parce que toute formalisation est quand même, comme je l'appelle, identitaire : à partir d'un certain nombre d'axiomes, elle construit, avec une syntaxe et une sémantique déterminées, une suite de propositions ou, disons, d'opérations de la machine. Or la vie psychique et sociale humaine n'est pas identitaire, elle est magmatique : on ne peut pas la séparer en des ensembles bien construits, bien définis, etc. ; c'est une totalité où tout interfère, sans qu'on puisse dire simplement que tout interfère avec tout, parce qu'il y a du localisable, il y a des ensembles par parties... Et ce qui caractérise aussi bien l'imaginaire social que l'imagination radicale du sujet et l'imagination théorique, c'est, par exemple dans le domaine uniquement cognitif, la capacité de créer de nouveaux axiomes, au sens le plus abstrait du terme, pas au sens mathématique forcément, de nouvelles bases. Tout d'un coup, une nouvelle base est créée, qui, précisément parce qu'elle est de ce type, n'est pas fondable ; elle est peut-être justifiable s'il s'agit d'un système rationnel, mais elle n'est pas fondable parce que c'est une création. Et une création n'est ni déductible, ni productible : c'est là le vrai sens du nouveau. Si elle est déductible et productible, elle n'est pas nouvelle, elle est potentiellement dans le système antérieur.

F.V. — Mais oui, absolument.

C.C. — Et c'est donc là la question véritable. L'idée qu'on puisse simuler la création me semble contradictoire dans les termes. Actuellement, notre ami Henri Atlan, par exemple, parle de réseaux d'automates connectés en disant qu'il y a une « émergence aléatoire du sens ». Je ne discute pas dans quelle mesure c'est vrai ou non, mais je dirais que les scientifiques positifs, quand tout est dit et fait, ne peuvent plus qu'appeler aléatoire ce qui est une création. Comme une création, par définition, n'est ni déductible ni productible, elle est perçue comme quelque chose qui apparaît de façon radicalement aléatoire. Ce qui est faux dans cette idée, c'est que le mot aléatoire n'a de sens mathématiquement – ou alors c'est simplement un mot – que pour un ensemble prédéterminé de possibles. Or, précisément, le propre de la création, c'est de faire surgir des possibles qui n'existaient pas auparavant. La première cellule vivante qui émerge crée en un sens les possibles de la vie, qui auparavant n'existaient que de façon tout à fait vide et sophistique.

F.V. — Je suis parfaitement d'accord que la question profonde est bien celle-là : à quel point peut-on penser la création, du moins en faire la description ? Mais là où je ne suis plus d'accord avec Corneille, c'est à propos de ce qu'il appelle à juste titre la logique identitaire. Et l'on touche là, comme il le sait très bien, à un débat profond, profondissime même, au cœur des sciences et des mathématiques modernes : cette logique identitaire est-elle le bon fondement, la bonne fondation ? Or, tant que la preuve n'a pas été apportée, et, que je sache, cette preuve n'est pas encore là, je ne me sens pas limité à ces *deux options :* soit la logique identitaire où donc je suis absolument contraint à déduire des principes premiers et donc d'un ensemble déjà prédéterminé, soit le recours à cet aléatoire dont tu viens de montrer l'inadéquation. Parce qu'il y a cette notion radicalement différente,

112

introduite par la théorisation des systèmes dynamiques et des mathématiques dites non linéaires, qui est la notion de l'émergence, laquelle n'est pas de l'aléatoire puisque, justement, elle est relativement formalisable mais pas formalisable au sens « ensembliste-identitaire » en tant que déductible mais en tant que conditions de possibilité de l'émergence. Ainsi, pour reprendre l'exemple de la première cellule vivante que tu viens d'évoquer, c'est vrai qu'avant l'origine de la vie il y avait tout un tas de possibilités qui n'existaient pas, et que du coup, elle inaugure. Mais comment les inaugure-t-elle ? On pourrait dire, du point de vue des mathématiques non linéaires, qu'il y a un tas de conditions de possibilité, puis surgit ce phénomène d'autoconstitution, lui-même fortement non linéaire ou, du moins, non calculable car relevant pour partie de la non-linéarité. Mais en même temps, il n'est pas aléatoire puisque que je peux décrire les processus essentiels qu'il faut mettre en action pour qu'il y ait autopoièse. Je peux les reproduire en laboratoire, en particulier, et faire à nouveau et de façon répétée des autopoièses, éventuellement inventer un style d'« implémentation » de la vie différent de ceux qui ont eu lieu sur terre. C'est, à mon avis, sinon une preuve, du moins un bon argument en faveur de cette option qui n'est ni de l'aléatoire ni du calculable, mais qui est justement cette possibilité de la création en tant que conditions de possibilité d'émergence par des systèmes non linéaires.

C.C. — On arrive peut-être là au cœur du problème, où il y a une option philosophique radicale finalement... D'abord, je n'aime pas ce terme d'émergence, qui laisse entendre qu'il y a une propriété qui émerge dans le global et qui n'est pas contenue dans les parties. Mais ce n'est pas seulement cela. Lorsque la vie des organismes vivants supérieurs fait apparaître par exemple la couleur, personne, à moins d'être fou, ne peut qualifier ce phénomène d'illusion, de qualité secondaire, etc. Nous vivons dans un monde de couleurs, que nous créons ; mais que nous ne créons pas tout à fait arbitrairement parce qu'il y correspond quelque chose, des chocs que nous recevons du monde extérieur. Et cette création ne saurait se réduire au simple rassemblement de beaucoup de choses locales. Justement, le fait que de nombreux objets et leurs connexions locales sont des conditions nous conduit à cette idée, à mon avis tout à fait élémentaire mais étonnamment oubliée dans cette discussion, de la distinction entre les conditions nécessaires et les conditions suffisantes. Pour que les Grecs créent la *polis,* la démocratie, la philosophie, la recherche démonstrative, etc., il y a une foule, une indéfinité de conditions nécessaires. Dont déjà le big bang, les galaxies, la formation du système solaire, l'émergence de la vie... Certaines sont triviales, et ce serait du bavardage d'y insister. D'autres ne le sont pas : ainsi la mythologie grecque, qui est une condition nécessaire, n'est pas suffisante ; il y a une parenté de signification mais il fallait autre chose pour créer la *polis* et le reste. Or, précisément, la création n'a jamais lieu *in nihilo* ni *cum nihilo* ; en tant que forme, elle est *ex nihilo*. C'est ça le hic, et c'est pour cela que je pense que les mathématiques non linéaires ne peuvent au mieux que fournir une description *ex post* de la chose… C'est un peu ce qu'essayait de faire René Thom avec la théorie des catastrophes, aussi [9].

F.V. — C'est là une manière de regarder les choses, mais qui n'est pas la seule. Et là, je trouve que tu préjuges de la décision du jury…

K.v.B. — Excusez-moi, mais je ne comprends pas…

F.V. — Il s'agit de savoir si les mathématiques non linéaires sont toujours *post factum*…

C.C. — …descriptives, donc…

F.V. — …oui, descriptives ou non. Et c'est trop tôt pour le dire. Je voudrais insister sur ce problème de la façon suivante. Une petite parenthèse préalable : le mot *émergence*, je suis d'accord avec toi, je ne l'aime pas trop non plus, il est vaseux… Il faudrait inventer un bon terme. Mais ce que j'entends par le mot *émergence*, c'est justement cette non-séparabilité entre la globalité d'un phénomène, qui donc dépend de toutes les parties, et la spécificité de chaque localité. C'est ça qui est riche.

C.C. — Bien sûr.

---

9. Cf. *Prédire n'est pas expliquer*, « Champs » Flammarion, 1993.

F.V. — Et donc, par exemple, dans le cas de l'origine de la vie, de l'autopoièse, je ne peux pas séparer les propriétés particulières des acides nucléiques, des protéines et des lipides qui participent à la constitution des cellules, pas plus que je ne peux séparer les aspects globaux de cette constitution, par exemple le fait qu'il y a une frontière, et donc des conditions de diffusion qui ne sont pas, par définition, locales mais globales. Et le local et le global, là, on le voit, vont main dans la main. Et c'est cette non-séparabilité qui est le symptôme, justement, de la non-linéarité. Le mot ne convient peut-être pas, mais c'est ça que je désigne. Et dans le cas de l'autopoièse, on a un exemple particulièrement parlant de quelque chose que je peux néanmoins donner comme un cadre descriptif qui est *pre factum*. Pourquoi ? Parce que cette description *pre factum* me permet de la reconstituer en laboratoire, ce n'est pas seulement *post factum*. Cela dit, on est encore trop dans la préhistoire de ces outils théoriques pour savoir s'ils nous permettraient d'aller plus avant. Donc, tu vois, je reste prudent mais en même temps je ne suis pas si radical que toi, qui dis que c'est toujours *post factum*. Parce qu'on a des exemples où cette description est « productive », en ce sens qu'elle met en place des conditions de génération après quoi l'émergence du phénomène n'est ni une surprise ni une explication a posteriori. Et ce n'est pas non plus une espèce de calcul qui me permettrait de savoir exactement ce qu'il va se passer.

C.C. — Oui, d'accord...

K.v.B. — Attention, il faut prendre une décision, parce que malheureusement le temps va nous manquer...

F.V. — C'est dommage...

K.v.B. — ...Et je voudrais alors vous poser une question très bête mais qui, peut-être, va clarifier un peu l'enjeu de votre débat : qu'espérez-vous tous deux de vos recherches pour l'avenir de la société ? Vous, par exemple, Cornelius, dans la fin de cet article qui est un peu votre trajectoire intellectuelle autobiographique, publié dans votre dernier livre [10], vous terminez, après une sévère critique du marxisme, sur une vision que je qualifierais de relativement utopique, d'une société à venir, donc quand même avec cette idée qu'il y aura un jour un homme nouveau, un homme autonome, une société autonome où le sujet sera capable d'échapper à toutes les contraintes d'une société qui le fait souffrir et contre laquelle nous nous sommes bagarrés. Je présume que vous aussi, Francisco, êtes un biologiste suffisamment « humain » pour faire la distinction entre une société entièrement scientifique et une société humaine. Alors, qu'espérez-vous pour la société de vos travaux ?

C.C. — C'est peut-être à Francisco de répondre le premier...

---

10. Il s'agit de « Fait et à faire », publié dans le livre homonyme, sous-titré « Les carrefours du labyrinthe, V », Le Seuil, 1997.

F.V. — Votre question me prend un peu de court, parce que, je vous l'avoue très naïvement, ma motivation relève d'abord de ce que Corneille a analysé dans l'un de ses derniers articles [11], c'est la passion épistémique, le désir de savoir. Et si les conséquences sociales de ce que je fais ne me sont pas indifférentes – comment pourraient-elles jamais l'être ? –, ce n'est pas pour cela que je travaille. Je me laisse aller dans cet érotisme du savoir et du comprendre. Et puis, évidemment, j'essaie de donner à mes concitoyens des choses que je juge importantes. Mais c'est plutôt en tant que citoyen que je suis un homme politique, que je l'ai toujours été. J'ai aussi une passion pour tout ce qui se passe autour de moi, mais pas en tant que biologiste. En tant que biologiste, ce qui me mène, ce qui me « fait bouillir les tripes », c'est cette pulsion épistémique. Je ne peux vraiment rien vous dire d'autre. Ce n'est peut-être pas très bon pour le politique, mais si je veux être sincère, c'est ma vérité.

K.v.B. — J'aime bien l'érotisme du savoir. Quant à vous, Cornelius ?

C.C. — Là, Francisco est... platonicien ! Et moi, je suis un peu plus divisé que Francisco – bien que je ne me sente pas divisé. J'ai aussi, dans la mesure de mes capacités, cet éros du savoir, je suis capable de veiller une nuit entière pour comprendre un théorème, étudier un nouveau livre de physique – pour

_____

11. Cf. « Passion et connaissance », in *Fait et à faire*, op. cit., p. 123-140.

autant que je le comprenne – ou lire un livre d'histoire, tout simplement. Mais en même temps, je me sens profondément concerné par le destin de la société dans laquelle je vis. Et pour moi, les deux choses ne sont pas sans rapport, dans un certain sens de ce terme. Mais je ne pense pas qu'on puisse déduire une politique d'une philosophie ou d'un savoir. Parce qu'il y a, là encore, une décision ultime... Ainsi, dans le savoir contemporain, il y a cette grande division entre, d'une part, ceux pour qui toute cette fantastique luxuriance de formes que l'être a créées, depuis les galaxies jusqu'aux fleurs et jusqu'aux symphonies des musiciens, est réductible, peut être ramenée à diverses combinatoires d'une forme ou de quelques formes très simples (c'est le cas du neuro-physiologiste Jean-Pierre Changeux, par exemple, en France) ; et, d'autre part, l'idée que l'être est création, que la propriété de l'être est de faire surgir de nouvelles formes. Alors, en quel sens cela a-t-il un lien avec la politique ? Je pense tout simplement que cette dernière option philosophique nous libère pour penser la politique ; elle nous libère des déterminismes sociaux, de l'idée qu'on ne pourrait jamais faire autrement, que l'histoire ne pourra jamais sortir de ce cercle où elle se roule constamment : oppression, un peu de liberté, ré-oppression, etc. Elle affirme que rien, dans le savoir, ne s'oppose à l'idée que nous pourrons un jour créer une société dans laquelle des êtres humains autonomes pourront collectivement se gouverner dans l'autonomie. De ce point de vue, ce n'est pas une déduction du philosophique vers le politique, mais c'est quand même une certaine complémentarité. Et là, je crois que Francisco sera probablement d'accord.

F.V. — Tout à fait d'accord, même. Mais accorde-moi que tu réfléchis au niveau du social plus explicitement que je ne le fais. Et le rapport possiblement déductible entre ce que je fais au niveau du vivant et des mathématiques et la politique est moins direct. Je fais donc plus confiance à mon intuition de citoyen qu'à mon intuition de scientifique pour mes engagements politiques. Même si ce sont, bien sûr, des choses multiplement reliées [12]. Mais telle que vous aviez tourné votre question, j'avais l'impression que vous attendiez de moi comme un produit finalisé qui aurait trouvé sa place, pour ainsi dire, dans une espèce d'utopie, d'idéalité. Et je n'ai évidemment rien de tel à vous proposer.

---

12. Cf. *Quel savoir pour l'éthique ?* Paris, Le Seuil, 1996.

Entretien Cornelius Castoriadis -
Alain Connes

Cornelius Castoriadis. — Je suis très heureux que vous ayez accepté de venir à cette émission. Et pour au moins deux raisons. D'abord, bien que je ne sois pas mathématicien, j'ai toujours été attiré par les mathématiques, depuis mon adolescence, et mon émerveillement dure toujours aujourd'hui. Alors, pour moi, rencontrer un mathématicien important, c'est un peu comme s'émerveiller devant la cathédrale de Chartres et rencontrer un « bâtisseur » qui vous explique comment on l'a construite. Et puis, en lisant le livre que vous avez écrit avec Jean-Pierre Changeux, *Matière à pensée* [1], très joli titre d'ailleurs, je me suis aperçu que nous avons des positions très proches pour ce qui est de l'essence des mathématiques, ce que veut dire faire des mathématiques, ce qui est présupposé, en quoi ça consiste… Et finalement, ce mystère de la rencontre possible et même, à mes yeux, presque certaine des constructions mathématiques avec quelque chose que bien sûr nous redécouvrons, nous recréons, mais qui aussi nous contraint comme une réalité objective, idéale certes, mais avec

---

1. Odile Jacob, 1989 ; réédition Le Seuil, « Points/Essais », 1992.

une merveilleuse cohérence interne, une richesse et un déploiement extraordinaires.

Je ne sais pas à vrai dire sur quel sujet vous interroger : ils sont en fait très nombreux, mais la nécessité d'être compris de tout « honnête homme » en exclut beaucoup. Alors peut-être pourrait-on commencer par la célèbre question des machines « pensantes ». Je vais d'abord vous dire ce que j'en pense, et l'on verra ensuite si nous sommes d'accord ou pas. Ces machines, certes, sont une prodigieuse création humaine, et peuvent faire bien des choses dont l'homme est incapable. Mais, pour l'instant du moins, elles sont incapables d'opérations à la portée d'un... ver de terre, dont les cellules, par exemple, savent reconnaître les formes stéréochimiques des molécules qu'elles doivent accepter, rejeter, élaborer. Il faut donc tenir compte de ces limites, tout en sachant qu'elles sont certainement provisoires, du moins repoussables. Mais jusqu'où ? Que peut-on dire a priori sur ces limites ? À mes yeux, il ne saurait jamais y avoir de véritable machine pensante. Et pour justifier cette affirmation, je reprendrai l'heureuse distinction que vous opérez, dans votre discussion avec Jean-Pierre Changeux, sur les trois étapes du travail du mathématicien. Première étape, sur laquelle tout le monde sera d'accord : le calcul, l'algorithme, qui, selon la thèse célèbre de Church sur la logique mathématique, peut être confié à une machine, ce qu'on appelle une machine de Türing universelle. Avec des réserves évidentes, puisque quelqu'un doit construire cette machine, lui donner un programme et des tâches à résoudre – la machine n'invente pas de tâche à résoudre, ni même des méthodes. Ce qui me permet de passer tout de suite à la troisième étape, que vous appelez intuition, que moi j'appelle imagination créatrice, et qui est cette faculté de l'être humain, de l'âme humaine – mais de l'âme socialisée, bien sûr, qui dispose du langage et d'un héritage historique – de s'inventer arbitrairement des tâches, de fabriquer arbitrairement des formes (quand je dis arbitrairement, c'est une première approximation); et d'inventer aussi ce domaine particulier que sont les mathématiques où, précisément, elle crée cette chose qui, à mon avis, relève tout autant de l'imagination : les procédés de démonstration. Et il y a enfin une étape intermédiaire, qui est cette capacité pas tout à fait créatrice, plutôt évaluatrice, de revenir sur le chemin qu'on a suivi, de comparer sa méthode avec d'autres méthodes possibles, de redéfinir alors une tactique, peut-être même une stratégie, capacité qu'après quelque hésitation dans votre discussion avec Changeux vous appelez la réflexion, terme avec lequel je suis en parfait accord.

Alain Connes. — On peut en effet se poser la question a priori de savoir s'il existe effectivement des limites aux capacités éventuelles d'une machine. En tant que mathématicien, je placerais volontiers la limite dans la distinction entre ce qui a un sens, ce qui est intéressant, par opposition à ce qui n'a aucun intérêt, aucune pertinence. C'est vraiment cette notion de sens, d'intérêt, qui est la plus difficile à formaliser, à définir de telle sorte qu'une machine puisse y avoir accès.

Mais avant de discuter cette question plus avant, je voudrais revenir sur les différents niveaux du travail mathématique que vous avez évoqués. En particulier sur cette idée, à mon sens fausse, que puisque le calcul est maintenant tout à fait accessible à la machine, c'est un niveau que l'on comprend parfaitement. Je crois qu'on aurait tort de dire cela : lorsqu'on a, par exemple, un calcul très compliqué à faire, on peut certes le confier à un ordinateur, mais cela suppose d'abord, comme vous l'avez précisé, de lui donner le programme qu'il faut ; et puis, ce qui est beaucoup plus embêtant, de savoir lire correctement le résultat. Car si l'ordinateur vous fournit dix pages de formules, on n'est alors pas vraiment avancés au sens où précisément un tel résultat...

C.C. — ...n'est pas compréhensible...

A.C. — C'est cela, n'est pas compréhensible. Et ma deuxième remarque, toujours sur ce premier niveau du calcul, c'est qu'en fait, lorsque l'esprit humain apprend à faire des calculs, aussi simples et mécaniques soient-ils, il acquiert, ce faisant, toutes sortes de mécanismes qui, s'ils ne sont pas acquis, vont finalement rendre l'intuition débile, impuissante. C'est un peu comme si un promeneur allant d'un point A à un point B baissait la tête pour ne pas voir le chemin qu'il parcourt, les gens qu'il rencontre... Je pense là, bien sûr, aux enfants des écoles : ce serait une très grave erreur de les laisser trop tôt utiliser des calculatrices, car apprendre à faire des multiplications, des additions, etc., inscrire ces opérations très simples dans le cerveau, est fondamental pour qu'à-côté du mécanisme lui-même se développent progressivement une intuition et un sens des grandeurs. C'est un point qu'on aurait bien tort d'éluder.

C.C. — Absolument !

A.C. — Quant au niveau de la réflexion, c'est vrai qu'on peut maintenant formaliser un vague schéma de retour en arrière, du genre de ceux dont on avait discuté avec Changeux dans notre livre, qui commence à ressembler à une véritable réflexion. Mais une telle description me laisse un peu sur ma faim en ce sens qu'il y manque cette sorte de polarisation vers un but qui est relativement mal défini lorsqu'on réfléchit à un problème. En ce sens-là, d'ailleurs, la distinction entre le deuxième et le troisième niveau est assez floue, on ne sait pas bien la spécifier.

Alors, pour en venir justement au troisième niveau, celui de l'intuition, de l'imagination créatrice, selon vous, qui en tout cas permet l'accès à cette réalité mathématique indépendante de notre propre existence, on suit là, lorsqu'on étudie certains objets à travers telle axiomatique, une sorte de fil d'Ariane extrêmement difficile à définir mais qui permet de se déplacer dans cette « géographie » des mathématiques. Et je voudrais essayer de polariser ce déplacement en donnant deux exemples de problèmes, d'énigmes, qui sont mes motivations principales en mathématiques. La première énigme est celle de l'espace dans lequel on vit, énigme qui ne saurait évidemment être disjointe des relations entre mathématique et physique puisqu'on ne peut non plus séparer la perception de cet espace de la physique et de ce qu'elle nous apprend sur lui. Et la deuxième énigme, c'est, disons, la suite des nombres premiers, ce qui sous-tend l'arithmétique, les nombres, tout ce mystère constamment présent à nos yeux lorsqu'on réfléchit à l'arithmétique, et même à des choses simples. On s'aperçoit alors, chose vraiment étonnante, lorsqu'on s'est aventuré suffisamment loin dans l'élucidation de ces deux mystères, qu'ils ont énormément de points communs, que des concepts développés pour l'un s'appliquent à l'autre, etc. Que, finalement, on ne peut pas vraiment disjoindre la perception qu'on a du monde physique de cette recherche sur les énigmes. On en arrive alors, du moins j'en arrive – peut-être suis-je extrémiste ? – à cette certitude : la réalité mathématique est la seule réalité qui soit précisément, correctement définie ; et à ce problème pour moi essentiel : comprendre en quel sens la réalité physique s'inscrit, se spécifie au sein de la réalité mathématique.

C.C. — Je suis presque tout à fait d'accord avec vous, même si mon accord ou désaccord n'a pas grand intérêt. Surtout, j'ai été très heureux que vous ayez mis le doigt, en évoquant ces deux énigmes, sur des questions qui m'ont aussi toujours rempli d'admiration et d'émerveillement, on va en reparler. Auparavant, encore un mot sur votre première étape du calcul, qui n'est pas première dans le temps, d'ailleurs, mais logiquement inférieure, si je peux dire. À cette étape, il faut toujours revenir : qu'un mathématicien ait une intuition géniale, qu'il essaie, ou que d'autres essaient de la mettre sur le papier, si elle contredit alors des choses bien établies – et la contradiction relève du premier niveau : quelque chose est A ou n'est pas A, est le contradictoire de A –, eh bien, l'intuition géniale tombe. Il y en a bien des exemples dans l'histoire de la mathématique.

A.C. — C'est exactement cela. Et l'on pourrait comparer la période du calcul, de la vérification, presque de la démonstration, pourrait-on dire, au travail de l'expérimentateur qui retourne à sa paillasse. On peut avoir une idée, et ce qui en mathématiques remplace l'expérience, c'est cela.

C.C. — Absolument.

Katharina von Bulow. — C'est pourquoi un livre de philosophie, malgré l'intuition de base, a besoin de mille pages pour expliciter l'idée d'origine.

A.C. — Il a surtout besoin de retourner à une expérimentation ; et, en mathématiques, cette expérimentation, c'est la preuve, c'est la démonstration.

C.C. — Oui. Avec cette différence qu'en philosophie nous n'avons pas de démonstrations rigoureuses, nous ne pouvons pas réduire ce que nous disons à un petit groupe d'axiomes dont on déduirait le reste, on n'a pas de renvoi direct à l'expérience. La philosophie travaille sous contrainte de l'expérience, mais il s'agit alors de la contrainte de l'expérience humaine dans sa totalité ; et l'on n'a pas, précisément, cette dureté, ce caractère cristallin qui est le propre des mathématiques, c'est l'énorme différence.

Mais revenons à notre question, et à vos trois étapes. Je crois, moi aussi, qu'il n'est pas possible de séparer totalement la réflexion de l'intuition (pour vous) ou de l'imagination (pour moi). Je m'explique. Supposons qu'on incorpore à une machine ce que vous appelez très correctement une fonction d'évaluation, laquelle, comme une fonction au sens vulgaire, la fonction respiratoire, par exemple, va permettre à la machine, au fur et à mesure qu'elle effectue des calculs, de voir si elle s'approche ou non d'un but – but défini d'avance, puisque la machine ne saurait elle-même se le fixer. Mais cette fonction d'évaluation, si elle est elle-même algorithmisable, elle ne pourra marcher que sur des possibilités définies d'avance.

A.C. — Absolument.

C.C. — Alors que le véritable travail de la réflexion est indissociable de la création imaginative en ce sens que, pendant ce travail, on peut faire surgir des critères de choix, par exemple, ou d'autres éléments qui n'étaient pas donnés d'avance.

A.C. — Tout à fait d'accord.

C.C. — D'un autre côté, bien sûr, et pour la même raison, on ne pourra jamais, lors d'un tel travail d'évaluation « machinal », y voir le sens, comme vous dites, ou la fécondité, comme je dirais, qui là encore est un apport de l'imagination et sans laquelle l'invention d'une méthode démonstrative perdrait une énorme partie de ses critères. Prenons l'exemple d'une des grandes méthodes de démonstration, déjà là chez Euclide puis chez Archimède, la méthode d'exhaustion [2], qui est à la base d'énormément de choses en mathématique moderne, dans la théorie des limites... Que me permet-elle ? De m'approcher aussi près que je peux et, idéalement, épuiser ce qui reste. Elle a bien sûr été inventée au départ pour une application précise mais on s'est aperçu à un moment donné qu'elle avait une fécondité qui dépassait de loin les objets en fonction desquels elle avait été construite. Et là encore il faut l'imagination.

A.C. — Absolument. Cette méthode est d'ailleurs un très bon exemple car on y voit clairement ce qui différencie le mathématicien d'un ordinateur : l'exhaustion va lui donner un accès à l'infini, le porter à la limite. Ainsi, malgré un nombre infini d'opérations, il pourra dans son esprit imaginer le nombre π alors que l'ordinateur, lui...

C.C. — ... produira des décimales.

A.C. — C'est ça, il accumulera les opérations mais n'aura jamais cet accès direct. Et c'est cela qui est tout à fait remarquable dans les mathématiques : elles donnent à l'homme un accès à l'infini, c'est-à-dire un accès au-delà d'un nombre fini d'opérations. Prenons le même problème par un autre bout. Il arrive souvent

2. C'est-à-dire par approximations de plus en plus précises.

des choses assez paradoxales en mathématiques : ainsi, pour étudier des groupes entièrement finis, on utilise des outils qui ont été conçus pour étudier des groupes infinis, qu'on appelle des groupes Lie, lesquels sont en fait beaucoup plus simples à analyser que les groupes finis parce que leur structure, sous-tendue par le continu, permet d'utiliser les moyens algébriques. Se pose donc là un problème philosophique très présent : est-ce que l'univers qui nous entoure, notre esprit, etc., est a priori fini, a priori limité par la finitude ? Ou bien, comme je l'espère, d'une certaine manière, est-ce qu'il existe, au-delà du fini, au-delà du réel tangible et matériel, une réalité qu'on peut appeler mathématique, mais peu importe la dénomination, dont la caractéristique est justement l'infini et qui exerce sur nous comme un appel, une attirance, pour, malgré notre condition humaine, nous donner accès à quelque chose qui a à voir avec une certaine éternité, une certaine atemporalité, une certaine indépendance de l'espace, du point de l'espace dans lequel on est.

C.C. — Parenthèse : ce passage se fait déjà au niveau du simple vivant, qui curieusement utilise la mathématique, en utilise les résultats : quand un chien poursuit un lapin, il résout une équation différentielle...

A.C. — Il ne la résout pas, il suit une solution...

C.C. — Oui, il applique une solution de l'équation qui s'appelle la courbe de poursuite mais il ne le sait pas, il le fait comme ça...

A.C. — Je prendrai un autre exemple : lorsqu'on fait une addition, on utilise la retenue ; et la retenue, c'est ce que le mathématicien appelle un nombre de cocycle [3]... Mais ce n'est bien sûr pas une bonne connaissance de la terminologie qui nous aidera à faire des additions justes !

C.C. — Bien sûr. Ce n'est donc pas le vivant en général, c'est la spécificité de l'esprit ou de la psyché humaine, et notamment cette énorme novation dans l'ordre de l'être que sont l'imagination et l'imaginaire. Je crois que cela est tout à fait essentiel. Mais pour revenir aux deux énigmes dont vous avez parlé, j'ai moi aussi admiré et travaillé les énormes problèmes que posent l'espace, les paradoxes de Zénon, qui n'ont rien perdu de leur actualité, la question du discret et du continu [4], de l'approche du continu par le discret... Et là on touche à la physique contemporaine, avec la quantification de l'espace... Quant aux nombres premiers, une des choses qui m'ont le plus émerveillé durant mes brèves études de mathématiques – à mon âge adulte, hélas ! –, ce fut de constater qu'un théorème fondamental, et même pratiquement tous les théorèmes concernant la vraie arithmétique des nombres premiers, c'est-à-dire des nombres qui n'ont pas d'autre diviseur qu'eux-mêmes et 1, utilisent l'analyse, chapitre des mathématiques qui s'occupe des limites et de la continuité. Et l'on

---

3. Se dit de points situés sur un même cercle.
4. Cf. « Remarques sur l'espace et le nombre », in *Figures du pensable. Les carrefours du labyrinthe, VI*, Le Seuil, 1999.

démontre par exemple que la fréquence des nombres premiers dans l'ensemble des nombres naturels diminue suivant une fonction logarithmique qui n'a rien à voir avec l'arithmétique, bien sûr. Mais ces démonstrations, celles d'Hadamard et de La Vallée-Poussin, sont pleines d'intégrales ! On a alors l'impression – je n'aime pas ce mot mais enfin je l'utiliserai pour aller vite – d'une certaine transcendance de l'objet mathématique, parce qu'on est parti des nombres premiers, on a ouvert le chapitre complètement différent de l'analyse, et avec elle, par une autre voie, on retrouve des résultats concernant les nombres premiers. Un peu comme le petit Marcel qui se promène avec ses parents dans Combray, le chemin lui semble long, il ne reconnaît plus le paysage, il se sent perdu, et puis, au détour d'un sentier qui lui semble le bout du monde, le voici soudain devant « la petite porte de derrière du jardin » de sa maison [5]...

A.C. — Il y a eu plus tard une démonstration élémentaire de ce théorème sur la fréquence des nombres premiers, due à Atel Selberg. D'un point de vue un peu naïf, on pourrait dire que les nombres premiers jouent un peu le même rôle que les particules élémentaires en physique, c'est-à-dire qu'en fait ce sont les composants élémentaires des nombres entiers du point de vue de la multiplication. Le point de départ de la théorie due à Euler, c'est que si l'on forme une série des puissances des nombres entiers,

5. *À la recherche du temps perdu*, « Du côté de chez Swann », le Livre de poche, 1966, p. 138-139.

on obtient une fonction qui se factorise en produit de termes indexés par les nombres premiers.

C.C. — Heureusement pour les physiciens, le nombre de particules élémentaires est fini, du moins le croient-ils. Je ne sais pas ce qu'ils feraient avec un nombre infini de particules élémentaires, sans doute seraient-ils obligés de changer de méthode !

A.C. — En fait, ils sont déjà confrontés à ce problème, les diverses catégories de particules élémentaires sont en nombre fini, mais si on regarde leurs états possibles, ils sont en nombre infini.

C.C. — C'est vrai. Alors il y a une bifurcation qui apparaît ici tout de suite, puisque vous avez parlé de la physique, qui ouvre deux chemins. Un premier, que je voudrais éliminer tout de suite, est celui du réductionnisme. Il part d'une constatation d'évidence : notre cerveau, avec lequel nous faisons des mathématiques, entre autres, est un objet physique, et notamment un objet vivant, un objet biologique. Et là-dessus viennent des biologistes pour affirmer : les mathématiques sont dans le cerveau, point à la ligne. Mais, quant à moi, je n'arrive pas à comprendre comment l'infini est *dans* le cerveau ! L'infini est précisément une idéalité créée par l'imagination humaine, pour le fonctionnement de laquelle le cerveau est une condition nécessaire mais non point suffisante ; et on oublie trop souvent cette distinction.

L'autre chemin nous mène à ce qu'un physicien américain, Wigner, a appelé l'« efficacité déraisonnable des mathématiques » quand on les applique au monde réel. Énorme problème ! Vous faites, dans votre livre avec Changeux, une remarque très importante à laquelle j'adhère tout à fait, c'est que la physique n'est pas réductible aux mathématiques. De même que les mathématiques ne sont pas réductibles à la physique : il y a des branches entières des mathématiques...

A.C. — Bien sûr, comme l'arithmétique, par exemple...

C.C. — ...Oui, qui n'ont pas de réalité physique, et déjà les nombres premiers, mais aussi l'espace de dimension infinie... Ils deviennent des outils mais n'ont pas de réalité physique. Il y a donc, en langage mathématique, une intersection non vide entre l'univers physique et l'univers mathématique, il y a une partie où ils se recouvrent, et dans cette partie l'efficacité des mathématiques est vraiment diabolique. Et puis il y a une partie de la physique qui est en dehors, peut-être est-ce la partie la plus essentielle, en un sens, comme il y a une partie des mathématiques qui est aussi en dehors, tout aussi essentielle, du reste. Et c'est là, à mes yeux, un argument très fort contre tous les réductionnismes.

A.C. — Absolument. D'ailleurs, à propos du cerveau humain, le point de vue matérialiste est très limité, pas seulement parce que, bien sûr, le cerveau est un objet matériel, fini, mais surtout parce qu'il prétend comprendre ce qu'est la matière, qu'il se trompe et nous leurre. Certes, tant qu'on s'intéresse aux phénomènes biologiques à l'échelle de la molécule, on peut effectivement avoir une idée à peu près valable de ce dont on traite, mais dès qu'on change d'échelle pour s'occuper des particules élémentaires, de mécanique quantique, cette notion même de matière, de monde matériel, devient évanescente. C'est pourtant bien la question essentielle qu'il nous faut affronter : qu'est-ce que la réalité extérieure ? Et le même argument qui localise les mathématiques dans le cerveau, on peut le « paraphraser » pour la réalité extérieure et aboutir exactement à la même conclusion, c'est-à-dire que la réalité extérieure n'existe que dans le cerveau. Ce qui ne nous avance guère.

Pour moi, la réalité extérieure, tout ce qui est extérieur à nous, c'est essentiellement et d'abord une source d'information inépuisable ; et, deuxièmement, quelque chose d'incontournable, d'une certaine manière. Or la réalité mathématique, lorsqu'on parle des nombres premiers, de l'infinité des nombres premiers, a exactement ces caractéristiques, d'être une source d'information imprédictible, intarissable, d'un côté, et incontournable, inévitable, de l'autre. Telle est la première expérience que l'on fait avec les mathématiques : impossible de capturer en une fois ni de contourner la masse d'informations qu'elles représentent. Si quelqu'un un jour vient avec un ordinateur très puissant et dit : j'ai produit le plus grand nombre premier, on sait qu'il se trompe parce qu'on a la démonstration de l'infinité des nombres premiers.

C.C. — Qui est en plus une admirable démonstration, déjà présente dans Euclide et qu'un enfant de dix
ans normalement intelligent doit pouvoir comprendre.

A.C. — Mais qui ne marcherait absolument pas sur
un ordinateur, puisqu'on prend les nombres, on prend
le produit de tous les nombres qui sont avant et on
rajoute un, et c'est absolument impossible à faire avec
une machine. Mais c'est comme ça : les mathématiques
sont une réalité vraiment incontournable, parfaitement
bien définie et une source d'information inépuisable.
Alors que la réalité extérieure, même au sens un peu
intuitif du monde matériel qui nous entoure, est
quelque chose qui est beaucoup plus difficile à définir
et percevoir. Parce que, quels que soient les progrès de
la physique, on ne dispose jamais que de modèles du
monde extérieur. Pour appréhender l'espace, par
exemple, un enfant a, jusqu'à un an, un an et demi,
une sorte de modèle archaïque du monde extérieur qui
lui permet de se déplacer, de ne pas tomber dans un
trou ; ce modèle, il va l'affiner, l'améliorer au cours de
son existence, mais ça ne restera jamais qu'un modèle.
Et lorsque tout à l'heure on parlait du problème du discret et du continu, cela montre bien, là encore, qu'on
perçoit le monde physique matériel qui nous entoure
de manière intuitive, sans pouvoir l'approcher autrement que pas à pas, et par des modèles qui, évidemment, sont des modèles mathématiques.

K.v.B. — Je voudrais revenir sur la prétention des
matérialistes à localiser les mathématiques dans le cerveau...

A.C. — Mais on ne nie pas qu'elles sont présentes dans le cerveau, on nie que ce soit leur seul lieu d'« existence »...

K.v.B. — Je sais que tous deux vous réfutez cette réduction matérialiste et que ma question est un peu provocatrice. Je la repose autrement : le corps est matière, il contient biologiquement, physiquement, un esprit – je pense au livre de Varela, *l'Inscription corporelle de l'esprit* –, lequel exploite à son insu les possibilités infinies des mathématiques, de la biologie, des sciences humaines, de la philosophie par exemple ; mais en fait tout est déjà là et il ne fait que répéter la même recherche sans jamais aboutir. Qu'en pensez-vous ?

C.C. — Une thèse matérialiste ou rationaliste ou déterministe cohérente devrait affirmer que tout était déjà là non seulement dans le cerveau humain mais dès le big bang. Virtuellement, tous les théorèmes mathématiques étaient là, mais aussi la *Passion selon saint Matthieu* de Bach ou *Olympia* de Manet. En un sens, cette thèse est irréfutable mais en même temps c'est ce que Platon aurait appelé un « abîme de bavardages ». Cela ne veut rien dire.

A.C. — Je crois qu'on ne peut pas discuter ce problème du matérialisme sans revenir à la question essentielle pour moi de ce qu'est le temps. Une des raisons de la virulence de la thèse matérialiste, c'est le darwinisme et son prétendu pouvoir explicatif. Mais il y a là une énorme supercherie, parce que ce pouvoir explicatif n'existe que pour autant que l'on comprenne le passage du temps. Juste quelques mots là-dessus : en physique contemporaine, on fait du temps une des coordonnées de l'espace-temps et l'on croit alors comprendre ce qu'il est. Mais en fait il y a là une illusion totale : la physique n'explique pas et ne dit jamais pourquoi le temps passe, pourquoi le temps coule ; c'est une coordonnée, mais les coordonnées de l'espace ne coulent pas ; le temps, lui, coule. Et tant qu'on n'aura pas réfléchi de manière suffisamment précise sur cet écoulement du temps, l'explication darwinienne restera un cercle vicieux : des espèces disparaissent parce que le temps passe, mais pourquoi passe-t-il ? Que signifie ce passage du temps, que signifie notre perception de ce passage ?

Sur ce problème essentiel des relations entre le monde physique, le monde matériel et cet accès à l'infini, cette espèce de « transcendance » qui fait l'originalité de l'âme humaine, j'avoue que j'ai un point de vue assez radical : je ne me fie qu'aux choses qui existent indépendamment du temps, pour attribuer donc à la seule réalité mathématique cette indépendance, cette a-temporalité qui permettent d'assurer son existence indépendamment de notre compréhension de l'écoulement du temps. Et j'en fais la première pierre sur laquelle construire ma conception de la réalité. Se pose alors la question de l'insertion à l'intérieur de cette réalité de l'univers physique que l'on connaît, celui du big bang et, justement, de cette temporalité qui nous caractérise et qui caractérise l'univers dans lequel on vit. Et en travaillant ce problème, en discutant avec des physiciens, j'ai abouti plus ou moins à la conclusion que l'écoulement du temps n'avait rien à voir avec une coordonnée dans l'espace-temps, n'avait rien à voir avec ce modèle un peu naïf que l'on a de l'espace-temps et de la physique, mais en fait avait à voir avec la thermodynamique. De manière paradoxale, provocatrice, je dirai que si le temps passe, c'est parce que nous baignons dans le rayonnement de 3° Kelvin, ce rayonnement fossile qui provient du big bang. Pour moi, le temps s'écoule parce que nous sommes incapables de connaître les distributions microscopiques de ce qui se passe dans l'univers qui nous entoure et parce que ce manque d'information, cette espèce de perception macroscopique qu'on en a, font que graduellement notre corps est détruit, notre précision génétique s'érode. Et pour lutter contre cela, nous ne disposons que de ce phénomène discret qu'est la transmission de la vie, la transmission à d'autres générations de cette espèce de bible contenue dans notre information génétique et qui, parce qu'elle est discrète, rigide, sera très difficile à détériorer et pourra au contraire se battre et prospérer contre cet écoulement du temps auquel nous ne pouvons rien car il est dû à la destruction, à la friction et à notre incapacité à connaître tous les détails du monde microscopique qui nous entoure.

C.C. — Je voudrais revenir sur quelques-uns des sujets que vous venez d'évoquer. Et d'abord sur ce que vous avez dit à propos de Darwin et du darwinisme, qui est tout à fait juste mais insuffisant : le nœud de la question, c'est qu'il n'y a d'explication darwinienne, il n'y a qu'une grandiose tautologie : ne survivent que ceux qui sont aptes à survivre.

A.C. — Mais nous sommes d'accord !

C.C. — Maintenant, la question essentielle et double : premièrement, pourquoi y a-t-il des êtres vivants différents ? Deuxièmement, et surtout, pourquoi ces différences vont-elles dans le sens d'une complexification croissante du vivant ? Là, Darwin n'avait pas de réponse, il s'appuyait sur des exemples qui avaient très peu de valeur : les variations au sein d'une espèce, etc. Ensuite, avec les mutations, on a trouvé non pas une réponse mais une pierre manquante pour rendre compréhensible le fait de l'évolution : il y a évolution parce qu'il y a mutation. Mais ces mutations sont aléatoires, surviennent au hasard, et l'énigme reparaît : comment se fait-il que des mutations aléatoires produisent si souvent – pas toujours parce qu'il y en a qui sont mortelles et qui détériorent l'être qui les porte – des formes cohérentes, capables de vivre et même d'être le siège de nouvelles mutations qui mèneront plus loin sur l'échelle de la complexité ? Là-dessus, le néodarwinisme moderne n'a selon moi aucune réponse. On parle d'aléatoire, là aussi, mais à mon avis cet aléatoire-là – pas l'aléatoire trivial des dés qu'on jette ou des cartes qu'on tire – est un pseudonyme que donnent les scientifiques déterministes et positivistes au fait de la création. Parce que de deux choses l'une : ou bien quelque chose est une production à partir de ce qui existe, et on peut alors l'expliquer, dire comment on l'a fabriqué ; ou bien, ça ne l'est pas, et le déterministe appelle aléatoire ce qu'il ne peut pas expliquer, c'est-à-dire le fait d'une création.

A.C. — On est là tout à fait d'accord.

C. C – Et il y a la complexification croissante, dont Stephen Jay Gould a essayé de donner une explication. Il part d'une complexité zéro ; apparaît une première forme vivante, qui évidemment ne peut pas aller en deçà du zéro ; si donc elle va quelque part, ce sera vers la complexité, et au bout d'un milliard d'années il y aura des formes très complexes... Mais la thermodynamique n'autorise pas un tel raisonnement, qui nous enseigne qu'il y a beaucoup plus de chances pour que ces formes perdent de la complexité plutôt qu'elles ne continuent à se complexifier. Ce qu'on ne voit pas là, c'est que la vie est une création et une création permanente de nouvelles formes, et que l'espèce humaine est une telle création avec ce qui la caractérise de particulier, c'est-à-dire l'imagination créatrice.

Avant d'en venir à la fameuse question de l'universalité des mathématiques, un mot sur ce qu'Alain Connes vient de dire sur le temps. Je ne crois pas que la thermodynamique puisse nous expliquer le temps. Le grand problème auquel elle fait face, c'est évidemment la flèche du temps, pourquoi il y a avant et après, pourquoi ça coule. Mais ici aussi il faut distinguer deux temps.

A.C. — Absolument.

C.C. — Il y a un temps que j'appellerai ensembliste-identitaire ou algorithmique pour lequel la thermodynamique vaut. Mais si ce temps était le seul, il y aurait eu quelques formes initiales qui se seraient dégradées au bout de quinze milliards d'années. Or, ce que nous constatons, c'est qu'il y a toujours émergence de nouvelles formes. Il y a donc un autre temps, qui n'est pas le simple temps de la dégradation mais le temps de la création, que j'appellerai le temps poiétique – parce que *poièsis* veut dire création. Et le vrai avant/après est marqué là-dessus. Est-ce que vous êtes d'accord ?

A.C. — Tout à fait. Certes, cela nécessiterait beaucoup plus d'explications, mais disons que je parlais là de l'écoulement du temps au sens naïf du terme. Et il est bien évident qu'il faudrait faire la distinction entre au moins trois ou quatre formes du temps…

K.v.B. — Si on lit les pages absolument superbes de saint Augustin ou d'autres grands philosophes sur le temps, on constate que ce qui leur fait le plus peur, c'est le temps qui s'écoule, la détérioration, la mort, l'oubli…

A.C. et C.C. — Évidemment, c'est la grande affaire !

K.v.B. — Alors, le christianisme, par l'intermédiaire du Christ et de saint Paul, a très astucieusement introduit un arrêt du temps, un rachat du temps : de toute éternité, il est déjà arrivé et déjà racheté, pour tous les chrétiens. Et vous aussi vous parlez d'éternité et d'infini. D'où ma question : les sciences, et surtout les mathématiques, ne sont-elles pas un langage qui à la fois ouvre sur l'infini et laisse des traces telles que l'homme puisse s'imaginer être éternel... ?

C.C. — Mais non, il y a là un saut logique énorme.

A.C. — Bien sûr, et la différence c'est que, tout en sachant très bien qu'on n'est pas éternel, cet écoulement du temps nous empêche de concevoir notre être en tant qu'indépendant du temps. Pour moi, l'idéal serait d'avoir une conscience de sa propre existence, de sa naissance jusqu'au moment présent, qui soit identique à celle que nous avons comme être physique limité vivant dans l'espace : le fait que nos jambes aient telle longueur ne nous a jamais dérangés, la taille limitée de notre corps dans l'espace nous laisse parfaitement indifférents. Mais la limitation de la taille de notre être dans le temps évidemment nous angoisse. Et la raison pour laquelle cela nous angoisse, c'est que nous assistons impuissants à cet écoulement du temps, sans être vraiment capables de nous percevoir, de percevoir notre totalité indépendamment du temps. Alors, je pense qu'on peut avoir des expériences qui vont à l'encontre de cela, et notamment par la pratique des mathématiques. Car les objets qu'on y traite, auxquels on a accès, ont justement ce caractère d'atemporalité, d'indépendance à l'égard de l'espace et du temps, qui fait que la perception qu'on en a permet un accès à quelque chose d'éternel. Cela ne signifie pas que la personne qui fait une telle expérience est éternelle, bien sûr ; simplement, cela peut irradier sur la vie entière d'un individu, épaissir l'instant présent dans les deux sens, à la fois dans le passé et dans le futur. Telle est pour moi la contrepartie essentielle au fait que, justement, les mathématiques ne sont pas un objet physique, ne sont pas localisables dans le monde physique.

C.C. — C'est tout à fait juste. Et l'on peut remarquer, par rapport à ce que dit Katharina, que précisément le christianisme – mais aussi la plupart des religions, presque toutes – a inventé ce « truc » merveilleux pour répondre à cette angoisse de la mort : il y a une éternité quelque part, ailleurs, et à cette éternité nous participerons personnellement. Et il y a un infini qui n'est pas seulement comme le nombre infini d'infinis des mathématiques mais qui est une personne, qui est bonne, qui nous aime, etc. Et cela fait des siècles que ça marche.

Quant à cette expérience d'éternité, d'intemporalité, les mathématiques nous la permettent, c'est sûr, mais aussi les grandes œuvres d'art, par exemple. Encore une fois, la *Passion selon saint Matthieu* a été créée à Leipzig, en telle année, par un individu qui avait vingt enfants... Mais tout cela est totalement non pertinent par rapport au sens et au contenu musical de la *Passion selon saint Matthieu*. L'homme crée et a accès à un monde d'idéalités, de l'imperceptible, certes, mais qui est quand même immanent et qu'il arrive à faire entrer dans son propre monde ; les mathématiques en sont une manifestation excellente mais l'art et même la grande pensée aussi.

Juste un mot encore sur la matière, dont vous disiez très justement qu'elle devient évanescente avec la physique moderne. Mais il y a plus : les catégories elles-mêmes de notre perception ordinaire y deviennent évanescentes, la séparabilité, par exemple, dans les quanta, ou l'identité. Et je ne parle pas de la causalité. La physique nous fait donc découvrir des strates de l'être différentes de la strate habituelle dans laquelle nous vivons, et c'est une des raisons de la fascination qu'elle exerce.

Dernier point avant d'en venir à la question de l'intemporalité. J'ai été très heureux de constater notre accord là-dessus : on ne travaille pas des mathématiques seulement avec son cerveau au sens trivial ; la psyché, l'âme humaine, ne peut rien faire s'il n'y a pas à la fois représentation, désir et affect. On fait des mathématiques parce qu'on désire faire des mathématiques et parce que faire des mathématiques procure du plaisir.

A.C. — Absolument. Et aussi parce qu'on est attiré par un mystère…

C.C. — Oui, mais ça c'est du côté des trois à la fois, c'est la fascination qu'exerce la question du sens. Mais enfin tout l'être humain est impliqué là-dedans. Et c'est encore une raison pour laquelle je ne crois pas qu'une machine pourra jamais penser : je ne vois pas une machine se passionner pour la démonstration de l'infinité des nombres premiers. Pourquoi cela l'intéresserait-il ?

Maintenant, sur la question de l'universalité et de l'intemporalité, ou de l'atemporalité, comment se manifeste-t-elle ? D'abord, je crois, par une fantastique permanence dans le temps de nos créations. Deuxièmement, par la certitude que nous avons – et à laquelle d'ailleurs la physique apporte une sorte de corroboration – que le théorème de Pythagore n'est pas valide simplement à partir de 540 avant Jésus-Christ, quand Pythagore, à Samos ou en Italie du Sud, en a inventé, en a créé la démonstration mais qu'il était déjà là lors de la formation du système solaire...

A.C. — Exactement.

C.C. — ...en tant que chose intrinsèque dans le fonctionnement du monde physique. Que là, déjà, le carré de l'hypoténuse était égal à la somme des deux carrés des côtés. Troisièmement, et c'est là le point le plus important, parce que nous savons pouvoir enseigner et faire admettre les vérités mathématiques à n'importe quel être humain. Ce qui n'est pas le cas des autres créations humaines, culturelles, etc., pour lesquelles c'est soit impossible, soit extrêmement difficile. Si je prends un « sauvage » banalement intelligent et l'amène à l'Opéra lui faire écouter *Tristan et Yseult*, va-t-il tomber en extase ? Ce n'est pas évident du tout. Pour qu'il y comprenne quelque chose, qu'il ait un accès à cette œuvre, il faudrait un très long processus d'acculturation. Par contre, je saurai par le travail lui enseigner, l'amener à comprendre ce que sont... les espaces de Banach [6], et les lui faire admettre. Ça me semble à la fois évident et capital. Et

---

6. Espace fonctionnel d'usage courant en analyse.

c'est pour cela aussi que je suis en désaccord avec votre « complice » Jean-Pierre Changeux qui écrit, dans votre livre commun, que peut-être les êtres dans d'autres planètes ont d'autres mathématiques. Il ne s'aperçoit pas des conséquences de ce qu'il dit, car s'ils ont d'autres mathématiques, ils ont aussi une autre physique...

A.C. — ... et une autre chimie, bien sûr...

C.C. — ... et d'autres molécules. Donc ce qu'on raconte sur la terre est faux, les lois de la physique ne sont pas universelles, etc. Ce n'est pas possible ! Êtes-vous d'accord avec cette distinction entre une intemporalité spécifique aux mathématiques et une intemporalité seulement de droit qui ne vaut que pour certaines de nos autres créations ?

A.C. — Tout à fait. J'ajouterai même que les mathématiques font appel, selon moi, à un sens différent de ceux qu'on met en action dans les autres domaines de la création humaine ; bien sûr, on utilise aussi la vision, l'ouïe, etc., mais ces sens ont accès à quelque chose dont, justement, l'universalité est beaucoup plus grande, beaucoup plus forte, beaucoup plus communicable.

K.v.B. — Il va sans doute falloir arrêter...

C.C. — Un dernier point, puisqu'on a déjà dépassé nos limites... Pour revenir sur l'« efficacité déraisonnable des mathématiques », leur applicabilité à la physique, je formulerai la chose ainsi, en sollicitant une dernière fois l'avis d'Alain Connes, car c'est « ma » thèse ontologique : il y a dans l'être en général une dimension qui est, comme on dit en mathématiques, partout dense, partout présente, et qui relève de ce que j'appelle la logique « ensembliste-identitaire », soit une partie des mathématiques.

A.C. — Absolument. Et cette partie-là est présente même dans le langage.

C.C. — Bien sûr, dans le langage, dans les créations humaines, dans un poème aussi, dans une *Fûgue* de Bach, dans *Tristan et Yseult*, dans un tableau, partout, et dans les particules, etc. Mais qu'elle soit partout ne veut pas dire qu'elle épuise l'être. Et dans la mesure où elle n'épuise pas l'être, elle n'épuise pas l'existant physique, ni l'existant psychique, ni l'existant humain, ni la création mathématique elle-même. C'est la raison pour laquelle il y a cette intersection, ce recouvrement partiel tellement important entre monde physique et monde mathématique.

A.C. — Je crois qu'on est entièrement d'accord là-dessus.

Table des matières

Extrait du catalogue
l'Aube poche essai

François Ascher, *Les nouveaux principes de l'urbanisme*
Pierre Bourdieu, *« Si le monde social m'est supportable,
     c'est parce que je peux m'indigner »*
Daniel Cohen, *Chroniques d'un krach annoncé*
Ernst-Robert Curtius, *Essai sur la France*
Pascal Dibie, *Le village retrouvé*
Jean-Paul Fitoussi, *L'idéologie du monde. Chroniques
     d'économie politique*
Xavier Gizard (dir.), *La Méditerranée inquiète*
Bernard Kayser, *Ils ont choisi la campagne*
Jean Kéhayan, *Mes papiers d'Arménie*
Stetson Kennedy, *Introduction à l'Amérique raciste*
Joseph Ki-Zerbo, *À quand l'Afrique ?*
Kou Houng Ming, *L'esprit du peuple chinois*
Philippe Lacoue-Labarthe et Jean-Luc Nancy,
     Le mythe nazi
Hervé Le Bras, *Le sol et le sang*
Les dossiers du *Monde*, *Comment va la France ?*
Les dossiers du *Monde*, *Staline. Une barbarie moderne*
Ettore Lo Gatto, *Le mythe de Saint-Pétersbourg*

Gérard Mendel, *De Faust à Ubu – Sur la formation de l'individu moderne*

Juliette Minces, *La génération suivante*

Bernard Morel et Frédéric Rychen, *Le marché des drogues*

Edgard Pisani (dir.), *Pour une agriculture marchande et ménagère*

Daryush Shayegan, *Le regard mutilé. Schizophrénie culturelle : pays traditionnels face à la modernité*

Pierre Veltz, *Des lieux et des liens. Politiques du territoires à l'heure de la mondialisation*

Jean Viard, *La société d'archipel ou les territoires du village global*

Jean Viard, *Le sacre du temps libre. La société des 35 heures*

Hervé Vieillard-Baron, *Banlieue, ghetto impossible*

Immanuel Wallerstein, *L'après-libéralisme. Essai sur un système-monde à réinventer*

l'Aube poche littérature

A Cheng, *Perdre son chemin*

A Cheng, *Les trois rois*

A Cheng, *Injures célestes*

Idriss al'Amraoui, *Le paradis des femmes et l'enfer des chevaux*

Kebir M. Ammi, *Thagaste*

Robert Barrat, *Un journaliste au cœur de la guerre d'Algérie*

Karima Berger, *L'enfant des deux mondes*

Michel Bernardy, *Le jeu verbal, ou traité de diction française à l'usage de l'honnête homme*

Maïssa Bey, *Au commencement était la mer*

Bernard Le Bovier de Fontenelle, *Entretiens sur la pluralité des mondes*

Gérard Chaliand, *La marche têtue*

Émile Copfermann, *Les patries buissonnières*

Duong Thu Huong, *Histoire d'amour racontée avant l'aube*

Duong Thu Huong, *L'embarcadère des femmes sans mari*

Ali Erfan, *Le dernier poète du monde*

Ali Erfan, *La route des infidèles*

Ali Erfan, *Les damnées du paradis*

Ilo de Franceschi, *Écrivez-moi, Madeleine*

Miles Franklin, *Ma brillante carrière*

Miles Franklin, *Le pays d'en haut*

Gao Xingjian, *La montagne de l'Âme*

Gao Xingjian, *Le Livre d'un homme seul*

Gao Xingjian, *Une canne à pêche pour mon grand-père*

Gao Xingjian, *La raison d'être de la littérature*

Aurélio Grimaldi, *Les putes*

Dimìtris Hadzis, *La fin de notre petite ville*

Han Shaogong, *Pa Pa Pa*

Václav Havel, *L'amour et la vérité doivent triompher de la haine et du mensonge*

Václav Havel, *Lettres à Olga*

Václav Havel, *L'angoisse de la liberté*

He Jiahong, *Le mystérieux tableau ancien*

Ho Anh Thai, *L'île aux femmes*

Zora Neale Hurston, *Une femme noire*

Zora Neale Hurston, *Spunk*

Nìkos Kokàntzis, *Gioconda*

Kim Lefèvre, *Retour à la saison des pluies*

Kim Lefèvre, *Métisse blanche*

Didier Leroy, *La sagesse afghane du malicieux Nasroddine*

Nikolaï Leskov, *Le paon*
Franck Magloire, *Ouvrière*
Falih Mahdi, *Le conte des mille et une vies*
Naguib Mahfouz, *Le voyageur à la mallette*
Sayd Bahodine Majrouh, *Le voyageur de minuit*
Louis Maspero, *Une île au bord du désert*
Georges M. Mattéi, *La guerre des gusses*
Youcef M.D., *Le mauvais œil*
Anna Moï, *L'écho des rizières*
Anna Moï, *Parfum de pagode*
Mounsi, *La noce des fous*
Mounsi, *La cendre des villes*
Mudrooroo, *Le maître du rêve-fantôme*
Nguyên Huy Thiêp, *Un général à la retraite*
Nguyên Huy Thiêp, *Le cœur du tigre*
Nguyên Huy Thiêp, *Les démons vivent parmi nous* (hors commerce)
Nguyên Huy Thiêp, *La vengeance du loup*
Nguyên Huy Thiêp, *L'or et le feu*
Nguyên Huy Thiêp, *Conte d'amour un soir de pluie*
Nguyên Khac Truong, *Des fantômes et des hommes*
Nguyên Quang Thiêu, *La fille du fleuve*
Nguyên Quang Thiêu, *La petite marchande de vermicelles*
Christine Ockrent, *Portraits*
Karel Pecka, *Passage*
J.J. Phillips, *Mojo Hand*
Jean Vincent Pioli, *Pain sans chocolat*
Pedro Pizarro, *La conquête du Pérou*
Pernille Rygg, *L'effet papillon*
Pernille Rygg, *La section dorée*
Yveline Stéphan, *Élise B.*

Achevé d'imprimer en avril 2004
sur rotative par l'imprimerie Darantiere, 21800 Quetigny
pour le compte des éditions de l'Aube
Le Moulin du Château, F-84240 La Tour d'Aigues

Numéro d'édition : 916
Dépôt légal : mai 2004
N° d'impression : 24-0417

Imprimé en France